初心

時代を
生き抜くための
調整術

井上康生

ベースボール・マガジン社

はじめに

いつの時代も壁を突破するのは、創造性に富み、自由で大胆な発想を持つ人だと思います。目標達成のためには、かつて誰もやったことのない手法を取り入れ、ときに周囲を驚かせます。最初は異端児扱いされたり、受け入れられないことも多かったりするのですが、成果を挙げることで徐々に理解を得ていき、気がつけばそれを当たり前のものとします。私自身、全日本柔道男子強化監督として、少なからずそうした面があったかもしれません。

しかしながら、私はどちらかと言うと周囲との調和を重んじるバランサータイプです。何か変革を起こすときには、周到に準備を重ね、理解者を一人でも増やし、確実性の高い方法を探します。思えば監督としての日々は常在戦場でした。自分なりのやり方で、この緊張感と隣り合わせの日々に全力を注ぎ続けました。

おかげさまで、監督在任中に経験した2度のオリンピックでは、どちらも史上初の成績を収めることができました。一度目の2016年リオデジャネイロ大会では全階級でメダリストが誕生し、2度目となった2021年東京大会では5階級で金メダルを獲得しました。どちらのオリンピックも選手、コーチ、スタッフとともに知恵を絞り、助け合い、情熱を傾けた結果です。この二つのオリンピックを中心に過ごした監督在任の9年間は、私にとって宝のような時間でした。

ただ、監督として過ごした日々は過去のことです。任期満了に伴い2021年9月30日をもって監督を退任し、全日本柔道連盟内で新たな役職を拝命して活動を始めています。どうやら私は立ち止まることのできない、常に動き続けていたいタイプの人間のようです。

本書は、柔道専門誌『近代柔道』に2013年7月号から2021年11月号まで連載した「初心　井上康生のマイ・コーチング・ロード」を大幅に加筆・修正してまとめたものです。連載は監督就任の8カ月後に始まり、2021年9月の退任まで8年4カ月にわたって続きました。本書ではこの中から、監督2期目となったリオデジャネイロオリンピック後から東京オリンピックまでの日々を重点的に収め、日本柔道が地元開催のオリンピックに向けてどのような歩みを進めてきたのか、その中でどのような強化策を講じてきたのか、書き下ろしを加えて記録しました。

またスペシャル企画として、全日本強化チームでともに世界と闘ってきた5名の方たちに鼎談と対談という形で、東京オリンピックまでの日々と未来の柔道や組織論を語っていただきました。

いずれも、どんな困難にも屈することなく、情熱を持って仕事にあたっておられる方による貴重な証言集となりました。お忙しい中、この企画をご快諾いただいた5名の皆さまには心よりお礼申しあげます。

本書が柔道やスポーツに携わる人にとってはもちろん、広く社会全体の課題解決や組織運営論としても役立てていただけましたら、これ以上の喜びはありません。

井上康生

初心　時代を生き抜くための調整術　目次

第4章　チーム運営

第5章　海外での経験

※本書籍は、『近代柔道』2013年7月号から2021年11月号まで連載した「初心 井上康生のマイ・コーチング・ロード」を大幅に加筆・修正してまとめたものです。

序章　涙の記者会見

２０２０年2月27日、全日本柔道連盟強化委員会は、東京都文京区春日の講道館ビルで東京オリンピック代表選考会議を開き、男女12名を代表に内定させました。

東京オリンピックの代表選考にあたっては、少しでも長い準備期間を確保することを目的に初めて段階的に行う方法を導入しました。2月はその2段階目にあたり、男子はここで初めて内定を出し、7階級中6階級で東京オリンピック代表が決まりました。例年、日本代表は4月の全国大会（全日本選抜体重別選手権、全日本選手権）後に決定していたので、内定が出なかった66kg級以外は、約一カ月近く早く決まったことになります。

代表内定選手は、過去2年間の大会結果を踏まえつつ、２０２０年2月に行われた国際柔道連盟（International Judo Federation＝IJF）主催のグランドスラム・パリ、グランドスラム・デュッセルドルフの二つのツアー大会の結果を受けて決まったものです。監督である私と強化コーチ5名が推薦選手案を強化委員会に提出し、審議・可決後、理事会で承認されました。

理事会のあと、ただちに内定選手の発表会見が開かれました。

会見会場となった講道館2階教室は２００人近くのメディア関係者で埋まり、異様な熱気に包まれていました。毎年開催される世界柔道選手権の代表発表ではこれほどの人数にはなりません。会場に入った私は、オリンピックの注目度の高さを改めて感じるとともに、東京オリンピックへの皆さんの期待とその重みをずっしりと感じました。

会見は金野潤強化委員長の挨拶から始まりました。再録します。

「本日はお忙しい中、ご参集いただきまして、誠にありがとうございます。国際大会の最終選考のグランドスラム・デュッセルドルフが終了し、第2次の東京オリンピック代表内定審議が終了しました。男子井上監督、女子増地監督から選手を発表していただきますが、選考された選手、また届かなかった選手も本当に皆、よく頑張ってくれました。すべての選手にまず敬意を表したいと思います。

この内定制度についてですが、7月のオリンピックに向けて選手たちに休息の時間を与えること、選手たちが海外勢に対して対抗する時間を作ること、また、試合の数を制限することで選手の心身の摩耗を防ぎ、ケガのリスクを低減させることを念頭に置きながら、進めてきました。その結果、今日の日を迎えることができました。今日決まらなかった選手もいますので、最後まで気を抜かずに我々も頑張っていきたいと思います。それでは男子を井上監督の方から発表していただきます」

金野強化委員長の右隣に座っていた私には、その声から、委員長が感じておられる責任の重さと緊張が痛いほど伝わってきました。マイクを受け取った私は短く挨拶すると、内定選手6人の名前を一気に発表しました。

60kg級　髙藤直寿
73kg級　大野将平
81kg級　永瀬貴規
90kg級　向翔一郎
100kg級　ウルフアロン
100kg超級　原沢久喜

会場にはカメラのシャッター音だけが響いていました。続いて女子代表が増地克之女子監督から発表されました。

48kg級　渡名喜風南
52kg級　阿部詩
57kg級　芳田司
63kg級　田代未来
70kg級　新井千鶴
78kg級　濵田尚里

女子はすでに前年の2019年11月に78kg超級の素根輝が内定していたので、これで全7階級の代表が出揃いました。

内定選手の発表後、すぐに質疑応答に入りました。最初の質問は「東京オリンピックのために採用した早期内定制度を具体的にどう活用していきたいか」というもので、金野強化委員長、増地監督、私の順で回答することとなり、マイクが再び回ってきました。しかし、私には質問に答える前にどうしても、発言しておきたかったことがありました。直前まで試合に出場し、代表選考戦線上にいながら選ばれなかった選手たちのことです。選考会議のときから彼らの顔が頭から離れませんでした。

60kg級の永山竜樹
73kg級の橋本壮市、海老沼匡
81kg級の藤原崇太郎
90kg級の長澤憲大、村尾三四郎
100kg級の飯田健太郎、羽賀龍之介
100kg超級の影浦心

彼らの名前を挙げながら私は、こみ上げるものを抑えることはできませんでした。

この私の涙に対し、思いがけず多くの反響をいただきました。いずれも私の立場を慮っての温かい励ましの言葉ばかりであり、ありがたく思うとともに、猛省しました。代表選考においては金野強化委員長をはじめ、山田利彦、中村兼三、渡辺涼子強化副委員長、5名の強化コーチはもちろん、選手の所属先の先生方やご家族の皆さま、さらには女子の増地監督や女子強化チームの皆さんそれぞれに思いがあり、心を痛めておられたはずだからです。

そうであるにもかかわらず、私自身の未熟さから、まるで私一人だけが苦しみ、葛藤したかのような印象を与えてしまったのではないかと思います。私はあの場で涙するべきではありませんでしたし、あの涙は美化されてはいけないと思いました。

世の中の企業や組織のリーダー的立場にいる方は、常に厳しい判断と背中合わせで生きておられると思います。心を鬼にして決断しなければいけないことばかりだと思います。私も全日本男子柔道強化チームを率いる立場にいる以上、涙するのは心の中だけに留め、代表発表という仕事を全うしなければなりませんでした。

そのうえで私が思ったことは、代表に選ばれなかった選手たちの思いも背負って闘いたいということでした。私にはオリンピックで金メダルを獲得した経験もあれば、オリンピックに出場できず、夢破れた経験もあります。私には監督としてだけでなく、こうした経験を持つ柔道家として、その責任があるのです。代表内定会見の日は、私自身、その決意を新たにした日となりました。

そして、この日から約一カ月後の2020年3月24日、東京オリンピックの開催延期が決まりました。

第1章　リオから東京へ

勝利の女神は誠実な人間に微笑む

「勝負は時の運」とよく言いますが、幼い頃から勝負の世界に身を置き、闘い続けてきた者として、その通りであるとつくづく感じます。試合で結果を出すためにあらゆることを想定し、できうる限りの準備をして本番に臨んだとしても、確実に目標を達成できるわけではありません。スポーツは人を成長させ、見る人の心を震わせる力を持っていますが、一方でとてつもなく残酷なものです。

しかし、全力を尽くさなければ勝利を収めることなどできないというのも、真理であると思います。あらゆることを想定し、できうる限りの準備をして本番に臨まなければ、勝利に近づくことはできません。

そしてまた、選手は一人で目標を達成することはできません。目標のレベルが上がれば上がるほど誰かの助けが必要であり、決して一人では世界の頂点に立つことはできません。誰かの力を借りるということは、その力を借りるに相応しい人間でなければいけません。人に優しく、人にも柔道にも誠実な人間。勝利の女神は、そんな人間に微笑むのだと私は思います。

もちろん、「勝負は時の運」ですから、女神がいつも微笑んでくれるわけではありません。しかしながら引き寄せる方法はあると思います。それはつまり、目標に向かって全力を尽くすこと。これにほかなりません。時の運も女神の微笑みも、やるべきことをやり、最高の準備をした者に、そっと近づいてきてくれるものだと私は信じています。

そんなのは綺麗事だと言う人がいるかもしれません。もちろんそうかもしれません。でも、私は信じたいと思います。そして、そうあるべきだと思っています。だからこそ目標に向かい、全力を尽くす選手たちを、私は監督として情熱と誠意でもって導き、勝たせてあげたいと心の底から思ってきました。

闘う集合体・全日本強化チーム

2016年夏のリオデジャネイロオリンピック（以下、リオオリンピック）から一カ月半ほどが過ぎた9月14日、全日本柔道連盟（以下、全柔連）で理事会が開かれ、私の全日本柔道男子強化チーム監督続投が正式に決定しました。全柔連は、強化監督の任期をオリンピック周期の一期4年、最大2期までと定めており、私は2期目に突入することとなりました。

これと前後して私はコーチ、スタッフ人事に着手していました。リオオリンピックで出た課題と反省を生かし、4年後、56年ぶりに東京で開かれるオリンピックに向け、最強のチームを作る決意を固めていました。

ここで全日本柔道強化チームについて少し説明します。全日本柔道強化チームとは、「オリンピック競技大会と世界選手権等で金メダルを獲得すること」を目的とする、国際競争力を高めるための活動を行う全柔連加盟の強化指定選手（以下、強化選手）、指導者、スタッフの集合体です。

強化選手に名を連ねるのは、全国の企業や警察、大学、高校、中学から選抜された約150～200名。シニア（A、B）、ジュニア（15歳以上21歳未満）、カデ（15歳以上18歳未満）の各カテゴリーに分かれており、年に一度、入れ替えがあります。通常、毎年11月開催の講道館杯全日本体重別選手権大会後に入れ替えが行われ、同大会と過去一年の成績および内容によってメンバーが決まります。

オリンピックと世界選手権等の日本代表は、この強化選手の中から選ばれます。ですから、世界の頂点に立つための最初の関門は、強化指定を受けることと言えます。したがって、当たり前ですが、2021年東京オリンピックに出場した男女日本代表14人は全員、強化選手でした。

強化選手になると、全日本強化チームの活動への参加資格を得ることができます。主な活動は、年に2～3回の全体合宿と個別分散合宿、IJF主催のツアー大会や、そのほかの国際大会への優先出場、国際競争に必要なための情報提供やトレーニング指導を受けることなどです。こうし

[全日本柔道連盟強化指定選手]

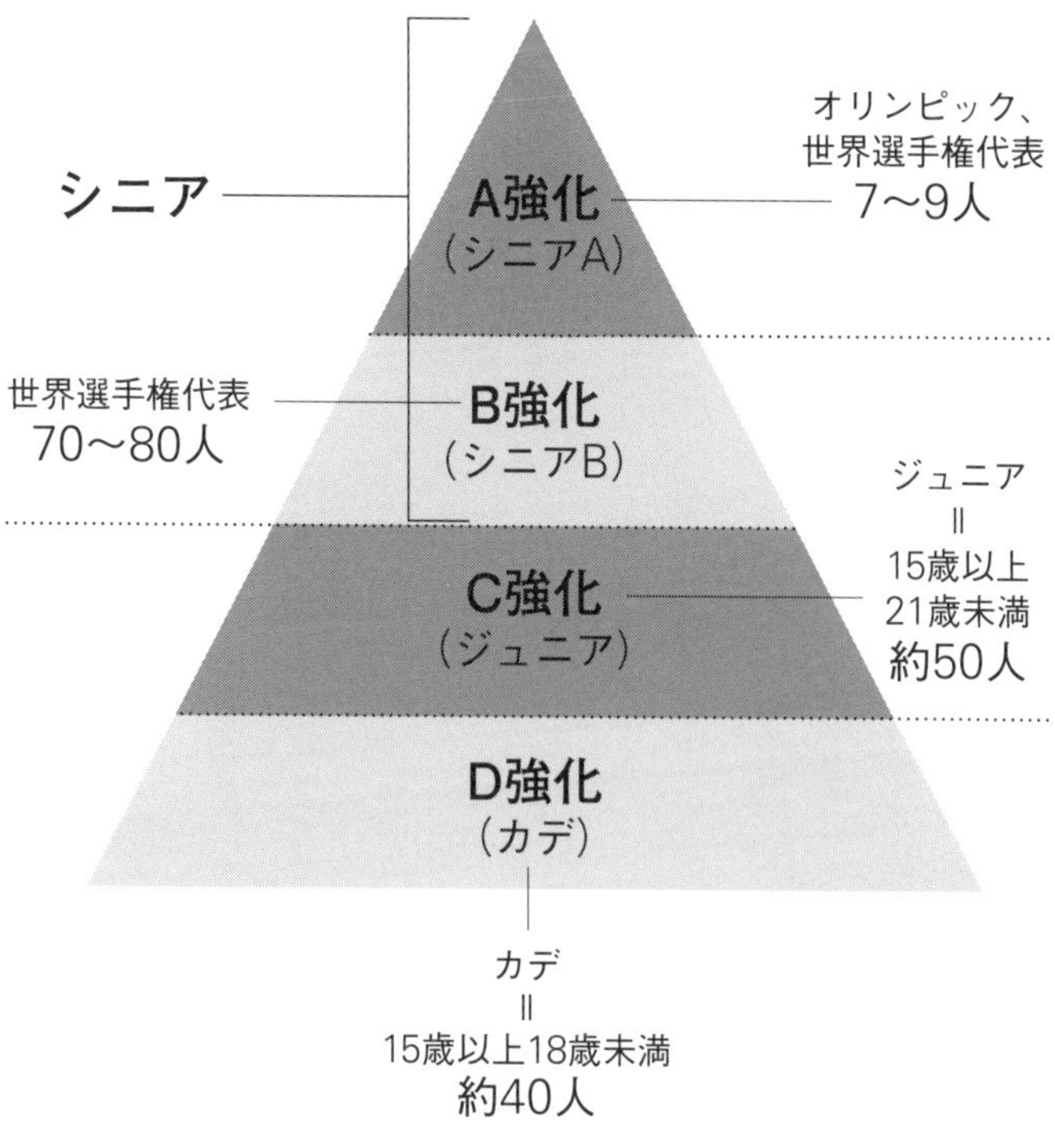

た強化活動への参加費用はいずれも無料。全柔連は、連盟主催の強化活動にかかる費用はすべて負担する方針を取っています（強化費については後述します）。

この強化選手の指導にあたるのが、監督と強化コーチです。ほとんどが大学や警察、企業に勤務する選手出身の指導者です。そのほか、選手強化に必要なサポートを行うため、フィジカル、栄養、情報、医科学に関しても、各専門分野からプロフェッショナルが集められ、スタッフの一員として名を連ねます。

勝つための布陣

監督、そして強化コーチの仕事は、時間と忍耐を必要とするハードな仕事です。国際大会参加はもちろん、大会視察や国内外の合宿参加、選手の個別指導、会議やミーティングなどその仕事は多岐にわたり、多くの時間を注ぐこととなります。こうした活動ができるのは、所属先の理解があってこそ。たくさんの方たちのご理解とご協力により、我々の活動は成り立っています。

東京オリンピックに向けては、シニア担当コーチ5名中4名が続投。90kg級担当だった廣川充志さんは強化委員となって現場を退き、コーチ職は山元一歩さんに引き継がれました。

山元さんはとびきり明るい性格で、周りを楽しくさせる達人です。過去に女子ジュニア担当コ

東京オリンピックに向けた全日本男子柔道強化チーム

【コーチ】

▼シニア担当

60kg、66kg級担当　古根川実（大阪府警察／留任）

73kg、81kg級担当　金丸雄介（了徳寺学園大／留任）

90kg級担当　山元一歩（京都府警察／新任）

100 kg、100 kg超級担当　鈴木桂治（国士舘大／留任）

▼総務兼フィジカル担当コーチ

岡田隆（日本体育大／留任）

▼ジュニア担当

ジュニアヘッドコーチ兼シニアコーチ

塘内将彦（旭化成／留任）

金岡真司（警視庁／新任）

平野幸秀（兵庫県警察／新任）

生田秀和（大阪体育大／留任）

各務耕司（愛知県警察／新任）

【スタッフ】

▼科学研究班男女統括長（情報分析）

石井孝法（了徳寺学園医療専門学校校長／留任）

▼ドクター

紙谷武（東海学園大）

▼フィジカル、ストレングス

小野祐希（日本スポーツ振興センター／新任）

猪俣弘史（日本スポーツ振興センター／新任）

▼情報分析

鈴木利一（日本スポーツ振興センター／留任）

▼トレーナー

手塚一義（グローバルスポーツ医学研究所／新任）

廣瀬和将（グローバルスポーツ医学研究所／新任）

▼栄養

上村香久子（フリーランス ／留任）

所属は2021年9月時点

ーチも経験された方で、我々のチームに新たなエネルギーを注入し、選手の長所を引き出す元気な指導をしてくださることを期待してお願いしました。

ジュニア部門ではヘッドコーチに塘内将彦さんに引き続きお願いし、コーチには新たに3名を迎えました。飾らない人柄で、所属や年代を超えて周囲からの信頼が厚い塘内さんを筆頭に、いずれも経験豊富できめ細やかな指導ができる方たちばかりです。中学生から大学2年生までの若者たちに、日本の未来を担う責任と柔道の基本を身につけられる指導をしてもらいたいと考え、お願いしました。

組織というものは、変化を受け入れ、動き続けなければ停滞してしまうものだと思います。私は東京オリンピック後も見据え、多種多様な人材を登用することで組織の活性化を促したいとも考えました。

新しい日本型強化スタイル

2016年リオオリンピックは、私が監督として初めて経験したオリンピックでした。この大会で男子日本代表は、全7階級でメダルを獲得しました（※）。出場選手が全員メダルを獲得するのは、1964年の東京オリンピック以来52年ぶりのことであり、7階級制が導入された

1988年ソウルオリンピック以降では初めてのことでした。

そのせいもあって大会後には、国内外から想像を超える反響があり、たくさんの方から祝福していただきました。私も金メダル2個を含む7個のメダル獲得という成績は素直にうれしく、このような偉業を成し遂げた選手を誇りに思うとともに、一緒に戦ったコーチ、スタッフと喜びを分かち合いました。

しかしながら、オリンピック閉幕から日が経つにつれ、そして周囲に称賛されればされるほど、自分の中にどこかすっきりしない、モヤモヤとした気持ちが広がっていくことに気がつきました。全員がメダルを持って帰ることができたのはうれしいが、全員が金メダルを獲得できる力があったはずだ。もっと選手にしてあげられることはあったはずであり、もっと違うやり方があったのではないか。こうした思いが胸の内にどんどん膨らんでいったのです。

監督としての私の出発点は、2012年ロンドンオリンピックの惨敗にあります。このときの日本男子は、銀2、銅3の5個のメダルを獲得したものの、金メダルはゼロ。日本男子がオリンピックで金メダルを獲得できなかったのは史上初めてのことでした。出場選手たちは皆、頂点に立つ力があったにもかかわらず、勝負どころで勝ちきれず、世界の強豪の前に敗れました。当時、強化コーチとしてチームに携わっていた私は、この結果はショックでもあり、選手に本来の力を出させてやれなかった己の力不足が悔しくてたまりませんでした。

このロンドンオリンピックから2カ月後、私は斉藤仁強化委員長（当時）を通じ、男子の再建を託されて監督に就任しました。当時は、指導者として経験が浅かった私の就任に対して懐疑的な声もありましたが、私は日本柔道復活のため、そして「井上康生に監督を任せてよかった」と言わせるためにも、大げさでなく、人生のすべてをかける覚悟で受諾しました。

監督就任直後から私は、次々に改革を断行しました。選手には自分で考え、自分で行動できる人間になるよう「自主・自立」の精神の必要性を説き、質より量に頼っていた練習方法を見直して質と量のバランスをとり、より実戦に即した効率のよい新しい稽古法を取り入れました。

また、屈強な外国人選手にパワー負けしない肉体を作り上げるため、最新の知見に基づくフィジカルトレーニングとコンディショニング法を採用し、さらには全柔連科学研究部との連携を深め、科学的データを活用して世界の柔道の流れと対戦相手の研究を行い、戦略的な準備を進めていきました。それだけでなく、さまざまな研修プログラムを実施して選手の個性を伸ばし、世界の頂点に立つに足る人材を育成していきました。リオオリンピックの全階級でのメダル獲得は、こうした数々の改革をもとに作り上げた、新しい日本型強化スタイルによって勝ち取ったものでした。

※2016年リオオリンピックでは大野将平（73kg級）、ベイカー茉秋（90kg級）が金メダル、原沢久喜（100kg超級）が銀メダル、髙藤直寿（60kg級）、海老沼匡（66kg級）、永瀬貴規（81kg級）、羽賀龍之介（100kg級）が銅メダルを獲得した。

[公益財団法人全日本柔道連盟 強化委員会組織図]

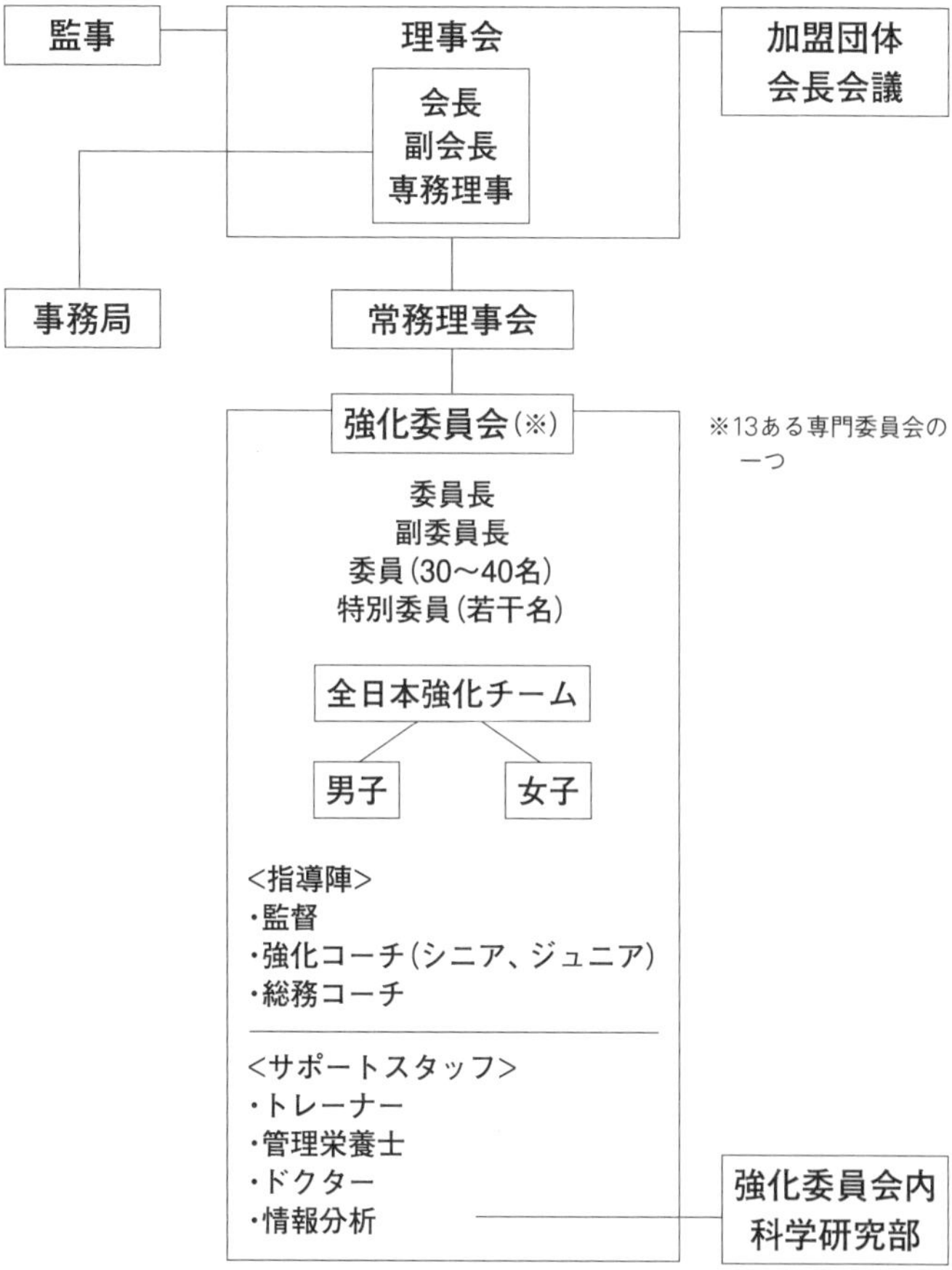

重層的・多角的な強化

東京オリンピックに向けて私は、こうしたリオオリンピックまでの蓄積を生かし、選手自身がより主体的に行動して強化を進める、闘う集団を目指すこととしました。主な柱は次の3つです。

「主体的に行動できる選手育成のさらなる推進」
「選手の長所を最大限に引き出し、弱点を引き上げる指導」
「緻密で隙のない柔道を作り上げる戦略的準備」

さらに、加速度的に高度化・複雑化が進む世界の柔道に対応するため、フィジカル、データ活用、所属との連携により一層力を入れ、重層的かつ多角的な強化を推し進めていこうと考えました。

「世界で闘う身体」をより高いレベルで作る

リオオリンピックに向けては、岡田隆・総務兼フィジカル担当コーチ、守田誠トレーナー（当時）の指導のもと、科学的根拠に基づいたウエイトトレーニングを導入し、柔道に必要な「世界で闘うための身体作り」を行いました。これにより、リオオリンピックで日本代表は組み手争いの場面でもほとんどパワー負けすることなく、日本が得意とする技で勝負する試合に持ち込むことができました。

その結果は数値にも表れ、リオオリンピックで男子日本代表7人が闘った全35試合中、一本勝ちの割合は約70％だったのに対し、外国人選手の一本勝ち数は約40％に留まり、圧倒的な差がつきました。

このことからリオオリンピックまでの我々の強化方針は間違っていなかったと結論づけ、東京オリンピックに向けては試合当日までのコンディショニングに一層力を入れ、栄養指導と合わせて「世界で闘う身体」をより高いレベルで作り上げていくことを目標としました。

科学的データの活用

リオオリンピックまでに飛躍的に進んだのが、科学的データの活用です。

全柔連科学研究部との連携を深め、試合ごとの日本選手のデータはもちろん、ライバル選手、審判員の傾向と試合に関するあらゆる情報を数値化しました。石井孝法・科学研究班男女統括長が中心となって開発した、映像分析を行うシステム「D21－JUDO」（通称ゴジラ、Gold Judo

Ippon Revolution Accordance：GOJIRA）により、試合中であってもきめ細かなデータが迅速に提供されるようになりました。

また、ゴジラは単に試合内容についてのデータ整理だけでなく、体重・体組成の記録やコンディショニング、トレーニングの進捗など、選手をまるごと管理できるツールとして大活躍しました。このデータベースはウェブ上で管理され、選手と所属先の指導者が、いつでもどこからでもアクセスできる仕組みとなっていました。

東京オリンピックに向けてはこのシステムをさらに活用し、より戦略的な準備を進めていくこととしました。

所属の枠を超える「オールジャパン」体制

柔道の日本代表強化は、前述の通り、全日本強化チームが主体となり、有望選手を強化指定して鍛えていくピックアップ方式です。したがって、普段選手が練習している所属先との連携は欠かせません。東京オリンピックに向けても、各所属先から大事な選手をお預かりしていることを十分に認識したうえで、合宿の時期や大会派遣、技術指導についてなど、密に連絡を取り合いながら、選手を育成、強化していく体制をさらに深化させていきたいと考えました。

底上げ、超競争、最終競争

全柔連強化委員会では4年に一度のオリンピック周期で強化計画を立て、選手強化、育成にあたっています。柔道の場合、オリンピック開催年以外の毎年、世界選手権が行われるため、これを軸に4つのタームに分け、計画を組み立てていきました。当然ですが、当初は4年計画でした。

2017年（1年目）底上げ・地力アップ期［人材拡幅期］

各階級、なるべく多くの選手をＩＪＦツアー大会などの国際大会に派遣して試合を経験させながら、切磋琢磨して地力アップに努め、全体の底上げを図る。なるべく多くの選手を海外へ派遣し、オリンピック、世界選手権優勝者には、海外武者修行や単独での大会参加といったプランを実行する。

【ターゲット大会：ブダペスト世界選手権（8月28日～9月3日）】

2018年（2年目）超競争期［中間選抜期］

成績に応じて東京オリンピック候補選手の絞り込みを始め、個々に特化した強化に転じる時期とする。2018年5月28日からIJF世界ランキングがオリンピック出場資格（※）に反映されるため、オリンピックへ向け、世界が実質的に動き出すシーズンとなる。世界選手権代表とアジア大会代表を競り合わせ、レベルアップを図っていく。

【ターゲット大会：ジャカルタアジア大会（8月29日〜9月1日）、バクー世界選手権（9月20日〜27日）】

〈補足〉このシーズンは、リオオリンピック後に休養やケガの治療などで試合出場を控えていたメダリストたちが、続々と一線に戻ってきました。日本で言えば、前年までは大学院の勉強を優先させていたリオオリンピック73kg級金メダリストの大野将平や、右肩を負傷して手術を行った同90kg級金メダリストのベイカー茉秋も、実戦の場に戻ってきました。

※オリンピック出場資格は男女ともに世界ランク上位18位以内。一階級につき一カ国1名が出場可能。そのほか大陸枠などがある。2021年東京オリンピックは新型コロナウイルス感染拡大による特別措置で、2021年6月28日発表の世界ランキングでオリンピック出場資格が最終決定した。

2019年（3年目）最終競争・選出期［オリンピック直前準備期］

東京オリンピック代表入りに向けての最後の絞り込み、サバイバルシーズンとなる。前年までに世界で闘える力があることを結果で示せた人間が、東京オリンピックへの選考レースを争っていく。日本武道館で開催される世界選手権で東京オリンピックのシミュレーションを各担当ごとに行い、翌年のオリンピックに備える。のちに早期内定制度の導入が決まったため、早ければ11月には内定する選手も出てくることとなり、代表選考の最終段階シーズンとなった（男子は11月の内定はなし）。

【ターゲット大会：東京世界選手権（8月25日〜9月1日）】

2020年（4年目）東京オリンピック開催年（↓延期）

東京オリンピックへ向けてラストスパートのシーズンであり、オリンピック開催年となる。個々とチームそれぞれに課題を精査し、必要な強化を行う。代表選考で心身ともに消耗することなく、万全の状態で東京オリンピックに臨むことができるよう準備を行う。

【ターゲット大会：東京オリンピック（7月25日〜8月1日↓延期）】

7人のメダリストがすべての基準

東京オリンピックに向け、日本にとって強みになると考えたのが、リオオリンピックの7人のメダリストの存在でした。すべての階級の基準値を「オリンピックでのメダル獲得レベル」からスタートすることができるからです。シンプルに言って、メダリストを倒せば、それだけの実力があることを証明できるわけです。同時に、それはメダリストを倒さなければオリンピック代表の道は見えてこないという厳しい現実でもありました。

また、リオオリンピックでの全階級メダル獲得は、金メダルゼロに終わったロンドンオリンピックで失った日本柔道の誇りを取り戻すことにもなりました。東京オリンピックに向けては、敗北感と屈辱感に苛まれたロンドンオリンピック後とはまったく異なる状態から強化活動をスタートすることができたのです。

7人に期待したのは、その振る舞いです。リオオリンピックからほどなくして私は彼らに次のように伝えました。

「メダリストになったということは、これからの4年間、自分たちがすべての基準になる、ということを意味する。そのことを認識しておくこと。また、練習でも試合でも、道場を離れたところでも常に見られていることを忘れないでほしい。そのためにはより一層高い意識で日々の練習に臨んでいく必要がある」

オリンピックのメダルは、獲得したあとに本当の輝きを放つものだと思います。私は、7人には柔道選手としてはもちろん、人間としても尊敬されるような存在となり、日本代表を夢見る中高生たちのロールモデルになってほしい、そんな思いを持っていました。

慣例を見直す

私が監督になってから、全日本強化チームがそれまで当たり前に行っていたことや慣例を見直しました。その一つに「年越し合宿」があります。文字通り、年末から年始にかけて行う合宿のことです。

年末年始の休暇を返上して練習することは、世界一を目指すのであれば決して無駄なことではないかもしれません。誰かが休んでいる間に努力して、ライバルに差をつけるのです。競技スポーツの世界では当たり前の発想です。でも、私は全日本として「年越し」してまで合宿を行う必要はないのではないか、と考えました。

各階級のトップ選手が集まる全日本強化合宿は、ライバルと顔を合わせて緊張感がみなぎる時間でもあります。それをわざわざ年末年始に行えば、かえって消耗することになるのではないか。もしも練習したいのであれば、個々に行えばいいし、所属先が合宿を行うのであればなおのこと、チームの一員としてそちらに参加した方がいい。それに、一年を通して合宿と大会参加で忙しいのだから、年末年始くらい家族や大事な人と過ごすリフレッシュの時間にしてもいいのではないか。そう考えたのです。

東京オリンピックに向けてもこの方針を踏襲し、12月の強化合宿は基本的に毎年12月24日までに終わらせ、一年の活動を打ち上げました。また、この12月の合宿は年に一度、強化指定選手が入れ替わった直後の合宿であるため、身体測定等をはじめ、講義や情報提供を中心に行う研修合宿として開催し、ゲスト講師を招いての特別講習も組み込むなど、選手の知的好奇心を刺激する時間にしました。

特別講習では、格闘家の青木真也さん、総合格闘家の高阪剛さんによる実技指導を行った年もあれば、大相撲の横綱白鵬関やラグビー日本代表キャプテン（当時）のリーチ・マイケル選手に講話をお願いした年もありました。

また2019年には、1964年東京オリンピックの中量級金メダリストである岡野功先生にお越しいただき、柔道実技をお願いしてその奥義を伝授いただきました。

このほか研修合宿以外でも、他競技の体験講座をたびたび実施しました。サンボ、沖縄角力、レスリング・グレコローマンなどです。また、鈴木桂治コーチの発案で、重量級の選手が白鵬関の所属する宮城野部屋を訪問し、稽古をつけていただいたこともありました。

あえての非快適

「非快適な環境を与えること」も私が意識して取り入れていた強化方針の一つです。合宿時の宿泊先をグレードの低い宿舎にしたり、強化合宿時の練習場もあえて毎日電車で通うような場所に設定したり、いろいろとやりました。その中でも変化球だったのが9年の間に2度行った、陸上自衛隊習志野駐屯地での「訓練体験」でした。

東京オリンピックに向けては2019年6月に行い、第1空挺師団の施設を使って11メートルの高さから飛び降りたり、80メートルの高さまで吊り上げられたりという訓練を体験させていただきました。また、宿泊体験を加えて1泊2日にしたうえ、大雨の中で決行したため、リオオリンピック前の訓練より過酷度がアップ。訓練着をドロドロにしながらの体験となりました。一番のヤマ場となったのは、夜中の2時半にたたき起こされ、暗闇の中を行軍したことでしょうか。過酷な内容でしたが、選手たちは、ああだこうだ言いながらも立派にやり通していました。いずれの選手も、やるときはやる、といった肝の据わり方があり、さすが世界のトップで戦う面々だなと感心したものです。

私がなぜ、こうした非快適トレーニングを行ったかと言うと、あえて煩わしい思いをしながら、その中でやるべきことをやり、問題を解決していく能力を身につけてほしい、そのきっかけをつかんでほしいと考えたからです。

現代社会は効率が重視され、簡単にものが手に入り、インターネットで検索すればあっという間に答え（のようなもの）が得られる時代となっています。スポーツの現場でも最先端の科学が用いられ、論理的思考とエビデンス重視の発想によって強化プログラムを設定し、試合対策を行うことが当たり前となっています。さらに近年、道場は冷暖房完備が当たり前で、シャワーやトレーニングルームを備えた超快適な空間であることも多く、選手たちは、ややもすると温室育ちになりかねません。

しかし、効率や科学的知見だけでは、柔道の地力は身につきません。スポーツは人間のすることであって、試合は想定外の出来事の連続です。その想定外の出来事に対応し、さらに相手の想定を超えて勝利をつかむためには、実際の経験によってしか得られない力が必要です。

また、オリンピックという舞台で勝ち抜くためには、ある意味で異常とも言える精神力が必要となります。そのためには極度の緊張や恐怖、経験したことのない感情が湧き出たときに、自分がどのような対応をする人間なのかを知っておくことも大事なのではないかと思います。

実は、私も選手時代に自衛隊での同様の訓練を受ける機会があったのですが、極度の高所恐怖症により成功させることができませんでした。その後、２００８年北京オリンピック代表を逃し、同年に引退しましたが、あのときの恐怖を克服できていれば……という後悔が私の中にずっと残っていました。そこで、まずは監督一期目の２０１６年に自分も地上80メートルへの吊り上げ訓練に挑み、監督2期目の２０１９年には地上11メートルからの降下訓練にもチャレンジし、ともに成功させることができました。いずれも終わったあとには選手、コーチ、自衛隊の皆さんから拍手喝采を浴び、なんとも言えない達成感を味わうことができました。

ちなみに、私が２０１９年に成功させた地上11メートルからの降下訓練ですが、自衛隊の方によると、11メートルというのは人間が最初に恐怖を感じる高さであるということです。

文化体験プログラムの狙い

強化合宿では陶芸、茶道、座禅、書道などの文化体験プログラムも実施しました。まるでカルチャースクールではないか、と言われそうですが、もちろんこれにも戦略的な目的がありました。

まず一つは視野を広げるためです。

世界の柔道は、２００９年から急速に高度化・複雑化が進みました。脚取り技が禁止されるなど大幅なルール変更が適用されたのは、ＩＪＦが技で決する柔道を強く推進し始めた影響です。これにより、世界各国は土着の格闘技の技術を柔道の技術に反映させ、独自の「ＪＵＤＯ」を作り上げていく傾向が顕著になったのです。

インターネットの急速な発展も影響しています。世界各地のどこかで大会が行われれば、その動画はウェブ上に即座にアップされ、瞬く間に世界中に拡散されます。以前であれば優れた指導者が必要だった技術習得も、そうした動画をお手本に、どこでも誰でもできるようになりました。対戦相手の研究もしかり、です。

また、スポーツ科学の発展で、毎日のように世界各地から新しい知見がもたらされ、日々「新しい常識」が生まれる世の中となりました。それらはツイッターやインスタグラムといったSNSを通じて、世界中から個人のもとに流れ込んできます。

このような環境下で世界の頂点を目指す選手たちには、高度化・複雑化に対応するための、さらに上の技術と、高いレベルでの情報の取捨選択能力が求められます。その力は、道場やトレーニングルームの中に閉じこもっていては身につきません。柔道から離れた世界に触れ、視野を広げ、社会の動きを知ることで身につくのです。

もう一つは、個性を伸ばすためのきっかけ作りです。

私は、選手一人ひとりの持つ個性こそ、その人にとっての最大の強みであると常日頃から考えてきました。個性とは、いろいろな世界を知り、体験して、自分のものにしながら作られていくものだと思います。ですから全日本強化チームとして、異文化体験を提供することで、そのきっかけを作ることができれば、と考えたのです。

そこで、東京オリンピックに向けては地元開催にちなみ、日本再発見というテーマのもと、日本文化の体験講習に力を入れました。言うまでもなく、柔道は日本発祥の武道であり、日本を代表する文化として世界中で認知されています。陶芸や茶道、書道も同じように、日本独自の成り立ちがあるので、この機会を通じて日本の特徴や、柔道と同じように日本という国で育まれた文化との共通点を見出すことができるのではないかと考えました。

私は、日本人の最大の長所はまじめさや緻密さ、粘り強さにあると思っています。これは長く世界で闘ってきて実感していることで、日本柔道の技や技術力は、この特長が反映されていると考えています。ですから、日本文化体験は、そうした面で共通点を見出せるかもしれないとも考えました。

ただし、これらの研修プログラムや講習はあくまでも「体験」です。面白いな、自分に合いそうだなと思ったら、選手がそれぞれ取り入れていけばいいですし、興味がない、自分に必要ないと思うのであれば、それはそれでいいでしょう。その判断こそ個性ですから、選手が選んでいけばよいのです。我々はあくまでも提供するだけです。

肝心の選手たちの反応がどうだったかと言うと、ほとんどが初体験のことばかりだったようで、うまくいかなかったり、失敗したりしながら、楽しそうに取り組んでいました。その姿を見て、狙い通りだな、と思っていました。実は、この「失敗経験」も文化プログラム実施の目的だったからです。

のびのびと失敗させる

「失敗経験」が目的とは、いったいどういうことかと思われるかもしれません。でも、「成功のための失敗体験」と言い換えると少しイメージしていただけるのではないでしょうか。

オリンピックや世界選手権に出場する強化選手たちは、その多くが幼い頃に柔道を始め、トップ街道を歩んできたエリートたちです。選手たちは、幼少期から人生の多くの時間を柔道に費やし、得意なこと＝柔道をやり続ける生活を送ってきました。しかも日本代表レベルとなれば、エリート中のエリート。それぞれのプライドは相当なものですし、勝負の世界で生きている以上、道場の中では弱みやうまくいかない姿をあまり見せたくありません。でも、そうしたプライドはいきすぎると、自分の弱点に目をそむけたり、得意なことばかりに頼るようになったりして、己を等身大で見つめる目を曇らせてしまいます。

やはり、どんなことでもそうですが、失敗なくして成長はありません。強くなりたければ、どんどん失敗する方がよいのです。

どうにかして選手たちに、のびのびと失敗できる経験をさせてやれないかと考えました。そこで思いついたのが、「失敗する」ことへのハードルは、道場以外の場面であればぐっと下がるのではないかということでした。それには柔道とはまったく違うことがいいでしょう。けれども、まったく違うことでは自分事と捉えにくい。それで日本文化の体験を思いついたのです。

どんなことも初めて体験するときは、よほど器用な人でなければうまくできません。しかも、体験なのだからうまくいかなくたっていいわけです。どんどん失敗して、自分の殻を破るきっかけにすればよいのです。

ちなみに、文化体験プログラムには我々指導陣も参加し、選手たちと同じように失敗しながら、知的好奇心を刺激される貴重な機会となりました。

第2章

代表選考とルールへの対応

選手選考方法の見直し

全柔連強化委員会が東京オリンピックに向けて行った大きな変革の一つに、オリンピックや世界選手権などの世界大会の代表選考方法があります。

日本代表の発表は、例年4月に行われている全日本選抜体重別選手権と全日本選手権（後者は重量級対象）終了後に行っていました。しかし以前から、この代表選考について「わかりにくい」というご指摘が多数寄せられていました。

最大の要因は、代表発表のタイミングにありました。

4月の大会は最後に行われる選考対象大会ではありますが、あくまでも選考大会の一つで、代表最終決定戦ではありません。そのため、これらの大会で優勝しなくても代表に選ばれる場合があります。そうすると、「なぜ勝った人が代表にならないのか」という疑問が生じてしまうのです。

そこで、このわかりにくさを解消しようと、ロンドンオリンピック翌年の2013年に「国内ランキングポイント」という新たなシステムの導入を決定しました。大会成績をレベルごとにランクづけしてポイント化し、選手選考の際の客観的指標として用いることにしたのです。

次に強化委員会として取り組んだのが、代表決定から世界大会までの準備期間を長くすることでした。

前述の通り、代表は毎年4月に決定しますが、これでは7~9月に開催される世界大会までの時間が短すぎる、という声が現場から挙がるようになっていました。2009年から世界選手権が毎年開催となり、グランドスラムなどのIJFツアー大会が年間20大会前後も開かれて競争が激化する中、従来の4月よりも少しでも早く内定を出すことによって時間を確保し、より質の高い準備をしていく必要性があるというのがその理由でした。

そこでまずは、2017年に初めて4月の決定を前倒しする早期内定制度を導入し、これを経て東京オリンピックでは3段階に分けて内定を出す選考方法を採用することとなりました。

早期内定制度

東京オリンピックの代表選考方法については、金野強化委員長を中心に、山田利彦、中村兼三、渡辺涼子の3人の強化副委員長、増地女子監督、強化委員会を中心に時間をかけて議論を重ね、関係各所のご協力を得て実現にこぎつけました。さまざまなご意見がありましたが、2017、2018年に行った世界選手権の早期内定が一定の成果を挙げたこと、また東京オリンピックへ向け、日本柔道に関わるすべての方たちの思いが一つに重なったことの結果であったと思います。

東京オリンピック早期内定制度（内定条件）

・第1段階（2019年11月）……2019年8月の世界選手権と同年11月のグランドスラム大阪で優勝し、強化委員会の3分の2以上の賛成を得た場合。

・第2段階（2020年2月）……2019年12月のIJFワールドマスターズ大会、2020年2月のIJFツアー大会であるグランドスラム・パリ、同デュッセルドルフの結果を受け、強化委員会の3分の2以上が賛成し、かつ1、2番手の実力差が歴然としていると判断した場合。

・第3段階（2020年4月）……二つの全国大会（全日本選抜体重別選手権と全日本選手権）の結果を受け、強化委員会の過半数の賛成を得た場合。

ルール変更で変わる世界の柔道

IJFは2009年以降、「しっかり組み合い、技によって決する柔道」を奨励し、「一本」の価値を高めるため、大胆にルール変更（※）を行ってきました。東京オリンピックに向けても

2017年から段階的に変更され、2018年に確定し、「オリンピックレギュレーション」として発表されました。

東京オリンピックに向けては、より「攻撃的」かつ「技によって決する柔道」を目指す色合いが濃くなり、寝技（寝姿勢から寝技に入るまで）の時間をより長く見るようになりました。

リオオリンピックからの大きな変化は次の通りです。

①試合時間5分→4分に変更。
②「有効」は廃止。「指導」3による反則負けの導入。
③「技あり」の評価は以前の「有効」も含む。
④延長戦は時間無制限で行われ、技によるポイント、もしくは「指導」3による反則負けで勝負を決する。

合わせ技「一本」については、2017年1月に一度、廃止となりましたが、2018年に復活しました。このほか技術面では、組み方の反則の緩和（ピストルグリップや片襟が即「指導」にならない）や、返し技の定義変更などが行われました。

試合は生きものですから、こうなるだろう、こうあってほしいと想定して作ったルールが、その意図通りに作用するかどうかはわかりません。それがまた面白いところですが、正直に言うと、度重なるルール変更がどのように世界の柔道を変えていくのかを見通せない部分も多く、現場の人間としては、毎年のように変わるルールに対応するのに必死でした。

※柔道の場合、いわゆるＩＪＦルールと言われる国際柔道連盟（ＩＪＦ）が定めているルール〈日本語訳国際柔道連盟試合審判規定〉と、柔道の総本山である講道館が規定している、いわゆる講道館ルール〈講道館柔道試合審判規定〉がある。現在、オリンピックや世界選手権、国内の主な大会ではＩＪＦルールが採用されている。

「一本」率が上昇

リオオリンピックから東京オリンピックの間の大きな変化の一つが、「有効」が廃止になり、「有効」レベルの技が「技あり」に集約されたことです。

これには当初、さまざまな意見がありました。「効果」が２００９年に廃止されたことにより、その後は「効果」に近いレベルの技が「有効」に含まれることとなりました。それが、今度は「有効」がなくなったことで、「有効」レベルの技も「技あり」となりました。つまり、現在の「技あり」はかつての「効果」に限りなく近い技も含まれるようになったということで、その評価基準が大きく広がったのです。

東京オリンピックが近づくにつれ、その基準も少しずつ見直されていきましたが、柔道を長く続けてきた身としては、その変更をすんなり受け入れることができず、違和感をぬぐいきれていないのが正直なところです。

ただ、リオオリンピックまでは背中の全面がつかなければ「一本」とならないなど、判定基準が極端に厳しくなりすぎている面もありましたが（「一本」の基準はほかにスピード、インパクトといった要素がありますが、背中がついたかどうかが基準の中心となってしまっていました）、これについては東京オリンピックに向けて徐々に調整され、多くの人が納得するような判定が増えたと思います。

それは数字にも表れ、「一本」（技による一本勝ち）の割合はリオオリンピックでは全432試合のうち約50%だったのが、東京オリンピックでは全432試合中、約60%に増えました（全柔連科学研究部調べ）。審判のジャッジの傾向も大きく影響するので簡単に言えることではありませんが、ルール変更により、4分間の本戦では相手の「指導」累積による勝利がなくなったことから、必然的に技によって勝負が決する試合が増えたと言えるでしょう。

さらに試合時間が5分から4分になった当初は、時間が短縮された分、先にポイントを奪う「先攻型」に有利なのでは、という意見もありましたが、実際はそんなことはありませんでした。

「指導」で勝負が決しないので、ディフェンス能力が高ければ、後半あるいは延長戦勝負に持ち込むことができるため、「後攻型」はその特長を生かせるのです。攻撃的な「先攻型」であろうが、スタミナ勝負の「後攻型」であろうが、どちらもルールの特徴を生かし、自分の強みを生かしていくことができるのです。

試合時間が4分に短縮されたことで変化があったとすれば、延長戦が増えたことです。理由はいくつか考えられますが、試合時間が1分減った分だけ、延長戦までもつれ込むケースが増えたということはあると思います。

ルールに向き合う意義

これまではルールが変更されると、日本では過剰なアレルギー反応が起きることがありました。ルール改正は日本に不利になるのではないか、日本たたきだ、というような反応です。結論から言うと、そんなことはまったくない、これが監督を9年間務めた私の感想です。

ルールが変更されるたびに対応しなければいけないのはどの国も同じであり、むしろ、この10年あまりの変更は「技で勝負を決する柔道」を推進していることから、日本が伝統的に貫いてきた「釣り手と引き手を持って技をかける柔道」が生かされるルールになっています。

2018年にアゼルバイジャンで開かれたIJFレフリー&ルールセミナーに参加した際、各国のコーチと意見交換しましたが、皆、度重なる変更に必死に対応している、と口々に言っていましたし、IJFがルール改正で目指す方向性については大枠で賛同している人が多い印象を受けました。ですから、世界中が打倒・日本を掲げて日夜強化にあたっているとしても、ルールのうえでは「日本vs世界」という構図など存在しないのです。

ただし、情報収集には力を入れました。レフリー&ルールセミナーに参加したのはその一環でしたし、海外のコーチや柔道関係者とパイプを作って情報交換をするなど、世界の動きを敏感に察知してその傾向をつかみ、対応が後手に回らないようにしました。

こうした対応を繰り返す中で、面白い発見もありました。ルール対応そのものが、強化チームを成長させる原動力になったということです。スポーツを成り立たせる根本のルールに向き合い続ける時間が、自ずと柔道について深く考え、勉強する時間になったような気がするのです。

とりわけ私が感じたのは、選手、コーチ、スタッフとともに知恵を出し合い、対策を練っていく過程の面白さです。我々はオリンピックで結果を出すことを最大の目的にしていますが、そのために、ああでもないこうでもない、とルールを解釈し、攻略法を考えていくプロセスは思考訓練のようでもあり、また新しい可能性の扉を開くようでもあって非常に刺激的でした。対応の仕方にそれぞれの個性が表れるのも興味深く、ルール変更のおかげで、選手やコーチの意外な一面を知ることもできました。

ＩＪＦはホームページ上で、競技運営規則（Sport and Organization Rules＝SOR）を公開しています。これを読み込むことは現代の柔道を知ることにつながります。興味のある人はぜひチェックしてみてください。

海外勢のたくましさ

ルールへの対応については海外勢に学ぶところもありました。

ＩＪＦ主催のツアー大会は現在、年間を通して約20大会ほどが世界各国で開催されています。賞金制となっており、レベルによってカテゴリー分けされ、それぞれにポイントが設定されています。このポイントによって世界ランキングが決まり、東京オリンピックの場合、上位18位以内の選手（各階級・一カ国1名）に参加資格が与えられました。

海外勢はこのＩＪＦツアー大会を、練習の延長線上に置いてうまく活用しています。開催地の多くがヨーロッパです。強豪の多いヨーロッパ勢にとって国境を越えることは隣町に移動するような感覚のようです。そのため、大会参加のハードルが低いこともありますが、どんな技が使えて、どんな戦術が効くのかといったことを試す場として活用している場合が多いように見えます。

実戦を通して審判の傾向をつかみ、今後の動向を把握しながら、試合で使える技と戦術をどんどんブラッシュアップしていきます。

そんな姿を見ていて感じるのは、彼らがタフであることと、実戦の重要性です。試合に出ると少なからず心身の消耗がありますし、ライバルに情報を与えることになりますが、道場の中にこもっていては得られない情報を身体でまるごと吸収できます。彼らはその身体で得られる情報を積極的に集めにいくのです。

しかしながら、日本が同様の発想でツアーに臨めばいいかと言えば、そうではないと私は考えていました。

日本人は勤勉でまじめなので、試合を練習として捉えることは感覚的に難しいですし、諸外国に比べて選手層が厚いため、代表選考のことを考えると、練習感覚で試合をこなすという発想にもなりにくいのです。もちろん時差の問題もあるので、隣町に行く感覚にもなれません。ですから、日本としてはツアー大会参加にあたっては的を絞り、ライバルの動向も確認しながら出場大会を決め、日本に合ったやり方での実戦経験を重ねていきました。

第3章

史上初の開催延期

激動の日々

２０２０年3月24日、東京オリンピック・パラリンピックの延期が決まりました。オリンピック・パラリンピックの開催延期は史上初めてのことです。この日から、私の激動の日々が始まりました。新型コロナウイルス感染症拡大によって世界中が不安と混乱に陥る中、全日本柔道男子強化チーム監督として難しい判断を迫られた日々でした。

この約一カ月前の2月27日、全柔連強化委員会は東京オリンピックの男女代表内定選手を発表しました。男子は7階級中6階級で内定を出し、5カ月後に迫ったオリンピック開幕へ向け、最高の準備を進めていこうと気持ちを新たにしていたところでした。強化コーチ、スタッフ、所属先の皆さんとこれまで以上に連携を深め、選手を全力でサポートし、代表選手全員の金メダル獲得という目標へ向けてスタートを切ろうとした、まさにその矢先の出来事でした。

当時の経緯が『近代柔道』２０２０年5月号で紹介されています。これをもとに記憶をたどりながら、全日本強化チームの動きを振り返ってみたいと思います。

このウイルスについて私が初めて認識したのは、２０２０年1月のことでした。1月9日、中国・武漢で「未知のウイルス」による初の死者が確認されたというニュースで知ったと記憶しています。日本でも同月下旬には観光バスの運転手の方が感染したことが報じられ、2月5日には横浜港に停泊していた大型旅客船ダイヤモンド・プリンセス号内で集団感染が発生したことが明るみになり、このウイルスの恐ろしさが日本国内にあっという間に広がりました。それでもその頃はまだ、一部の出来事だ、すぐに収束へ向かうだろう、という楽観的な見方をする人が大半だったように思います。私もその一人でした。

全日本男子柔道強化チームとしてもそのような認識でした。東京オリンピックの代表選考が大詰めを迎え、そちらの緊迫感の方が強かったのです。

2月に入り、私はヨーロッパに2度遠征しています。2月5〜11日にフランス・パリ、同月18〜25日にはドイツ・デュッセルドルフに、いずれもグランドスラム大会参加のため訪れました。どちらも代表争いにおいて非常に重要な大会で、この2大会の結果を受け、東京オリンピックの選手選考をすることとなっていました。

その頃、国内ではすでにマスクや消毒用アルコールが不足するなどの事態となり、選手団としてマスクの確保に少し手間取ったことを記憶しています。しかしながらヨーロッパへ渡ってみると、会場でも街頭でもマスクをしている人など皆無に等しく、近隣国イタリアでの感染拡大のニュースにも、どこか他人事といった空気が漂っていました。

代表発表会見を行ったのは、ドイツから帰国した2日後、2月27日のことです。会見前々日の2月25日にはサッカーのJリーグが公式戦を3月15日まで延期することを発表し（のちに延期を延長。6月27日にJ2再開、J3開幕、7月1日にJ1再開）、同月26日には日本政府から2週間のスポーツ・文化イベントの開催自粛要請が出されていましたが、この時点では、東京オリンピック・パラリンピックの延期など議論されるところには至っていませんでした。そのため、我々は開催を疑うことなく、内定選手を発表しました。

しかし、この会見翌日から柔道界にも影響が出始めていきます。3月下旬に開催予定だった全国高校選手権、近代柔道杯全国中学生大会などの中止や延期が次々に発表され、我々全日本強化チームとしても3月中の国際大会への派遣を見送るなどの対応をとり始めました。

感染状況は日増しに悪化し、国内でも東京オリンピック・パラリンピックの開催について不安視する声がにわかに高まっていきます。我々柔道関係者の間でも、さまざまな情報が飛び交い始めました。ただ、どれもさしたる根拠のない噂程度の話でした。監督としてどのように対応すべきか悩みましたが、一つひとつに応じていると、余計な憶測を生みかねません。代表内定選手や強化選手関係者には、「情報が錯綜しているが、振り回されないようにしよう。自分たちにできることをやろう」と伝えたり、グループLINEでアナウンスしたりしていました。

事態が大きく動いたのは、3月11日にWHO（世界保健機関）から「パンデミック（世界的大流行)」の発表があってからです。その直後、東京オリンピック・パラリンピック大会組織委員会の森喜朗会長(当時)が、「東京オリンピック・パラリンピックの計画変更はまったく考えていない」とのコメントを出しましたが、この日を境に国際オリンピック委員会(IOC)、日本オリンピック委員会(JOC)関係者をはじめ、スペイン・オリンピック委員会、アメリカ水泳連盟、ブラジル・オリンピック委員会などの関係機関から、延期や中止についての発言が相次ぎました。

ここまできたか、と私が思ったのは、3月22日のカナダオリンピック・パラリンピック委員会による「予定通りに開催する場合は選手派遣を中止する」という発表でした。中止や延期の要請ではなくボイコットの表明ですから、事態はかなり深刻なところまで進んでしまったと思いました。

そしてこの翌々日の3月24日夜、IOCと東京オリンピック・パラリンピック大会組織委員会、日本政府、東京都による4者会談が実施され、その直後、安倍晋三首相(当時)が「一年程度の開催延期」を発表しました。

代表内定選手の処遇

開催延期の発表後、我々がすぐに取りかかったのは、すでに内定を出していた東京オリンピック代表の処遇についての話し合いでした。代表資格を維持するのか、それともいったん、白紙にするのかということです。男子の場合、66kg級の代表選考が残っていましたが、4月4、5日に開催予定だった全日本選抜体重別選手権が延期されたことにより（3月27日延期決定）、この扱いをどうするかについても検討しなければなりませんでした。

まずは、金野強化委員長、増地女子監督と全柔連事務局でミーティングを行って問題を整理し、その後、強化コーチ、スタッフを交え、オンライン会議を開いて議論を重ねました。すでに自粛要請が出ており、対面でのミーティングはやりにくい状況となっていました。

内定選手、代表候補選手には担当コーチと私からこまめに連絡を入れ、状況を説明しました。選手によって反応はさまざまでしたが、動揺し、不安を隠せない者もいました。あと半年後に迎えるはずだったオリンピックという目標が、正体不明のウイルスによって突然奪われたのですから、当然です。私はその気持ちを十分に理解していることを伝えつつも、代表資格についてはすぐに答えることはできず、「今しばらく時間がほしい」と繰り返し伝えることしかできませんでした。

東京オリンピックに向け、さまざまなリスクを見込んで準備をしていた我々でしたが、疫病による開催延期までは想定していませんでした。ただ、延期になったことについては、率直に言って仕方のないことだと思いました。日に日に感染が拡大し、先が見通せない中、準備を進めるのはほとんど不可能に等しく、延期して開催する方が賢明だろうと思いました。

これは私自身、起きたことを悔やんだり、残念がったりするタイプではないということもあると思います。起きてしまったことは仕方ない、それなら次にどうするか、という思考が身についていることもあります。また振り返ってみると、当時はもう少しこのウイルスについて甘く考えていたような気がします。今は混乱しているけれども、そのうち事態は収束し、それほど遠くない日にもとの生活に戻るだろうと楽観視していました。少なくとも、その後一年以上にわたって開催の是非についての議論が続いたり、無観客開催になったりすることなど想像もしていませんでした。

一方で、オリンピックは本当に翌年開催されるのだろうか、という疑問もぬぐえず、私の中には複雑な感情が入り交じっていました。

コロナに負けない

代表資格についての審議は4月に入ってからも続いていましたが、これを一時中断することとなりました。全柔連事務局内で集団感染が発生したことにより、事務局の運営がほぼストップ。予定していた強化委員会、常務理事会などの会議がすべて延期となったからです。

4月7日に7都道府県を対象に緊急事態宣言が発出され、感染状況は厳しさを増していましたが、身近なところで集団感染が起きたことで、緊張感は高まりました。感染された職員の皆さんの一日も早い回復を願うと同時に、選手には状況を説明して、「しばらく待たせることになるが、我慢してほしい」と理解を求めました。選手たちは戸惑いつつも、次第に現実を受け入れ、落ち着きを取り戻していきました。

こうした状況の中、ＳＮＳによる発信を通じて、彼らの本音や自粛生活の様子を垣間見ることができたのは、時代の恩恵と言えるかもしれません。

3月以降、世界中で起きていたインターネットを通じてつながろうという動きが日本の柔道界にも広がり、強化選手や元選手をはじめとする、多くの関係者によるツイッターやインスタグラムなどを使用した発信が積極的に行われるようになっていきました。

興味深かったのは、次第に横の連携をとるようになっていったことです。選手や選手出身者で構成されている全柔連アスリート委員会のメンバーが旗振り役となって、技術解説や趣味を披露する動画などをリレー形式で発信。その後は連盟主導による「#コロナに負けない」キャンペーンに発展し、柔道に関わる人たちが、SNSというツールによってつながる新たな潮流が生まれました。

これらは、コロナ禍だったからこそ起きたことだったと思います。練習も試合もなく、すべての選手に共通して時間がたっぷりある状況など、平時ではあり得ません。選手がそれぞれ個性を炸裂させながら、少しでも前を向こうと呼びかける姿に、選手たちの成長を見た思いがしました。私も自分にできることをやろうと、柔道少年・少女たちへのメッセージをブログに投稿したり、家族に協力してもらってトレーニング動画を撮影してインスタグラムにアップしたりと、さまざまな方法で発信を続けました。

この流れは、強化選手やコーチ、スタッフ有志による、新型コロナウイルスに感染した全柔連職員の皆さんに向けてのお見舞い・応援動画の作成に発展し、いつも我々を支えてくださっている連盟の皆さんに激励と感謝の気持ちを伝えることにもつながりました。

資格維持の決定

代表の内定資格の継続が決まったのは、「不要不急の外出自粛」に慣れつつあった5月15日のことです。全柔連常務理事会と強化委員会がオンラインで開催され、男女全13選手の代表資格維持が決定しました。

代表資格の決定について、当初私はこの非常事態においては、通常の決議プロセスを省略し、強化委員会のみで決定してもよいのではないかと考えていました。しかし、公益財団法人として公正かつ透明性の高い運営を行うため、連盟の定款に基づく必要なプロセスを踏む必要があるということで、決定には相応の時間を要することとなりました。

資格維持を決めた最大の理由は、たとえ開催が一年後であっても、すでに内定を出した選手たちで最高の成果を挙げられると強化委員会として判断したからです。

延期決定直後は、再選考した方がよいのでは、という意見も出ました。確かに平時であれば、一年という時間があれば、階級によっては2番手以下の選手が1番手に取って代わることもあるでしょう。しかし、感染拡大が続いている状況では、そもそも大会の開催が見込めません。実際、IJFからは5月の時点で国際大会再開に関してのアナウンスは届いておらず、日本の状況を見ても、相手と組み合う〝濃厚接触競技〟である柔道の試合がすぐに開催できるようになるとは思えませんでした。このような不透明な状況の中、もう一度、選考プロセスを行うことは現実的に困難であり、たとえできたとしても、選手を疲弊させかねません。総合的に見て、すでに内定している選手で翌年の東京オリンピックを戦うことが我々が目標とする全階級金メダル獲得に最も近い、そのような結論に至りました。

ただし、この段階での代表内定についてはデメリットもあると考えました。

一つは世界中のライバルに対策のための時間を与えてしまうことです。当時、オリンピック代表を発表している国は日本以外ほとんどなかったので、日本だけが世界に情報を開示し続ける状況となってしまい、自ずとターゲットにされやすくなるのではないか、という懸念がありました。

もう一つは、モチベーション維持の難しさでした。

日本はこれまでオリンピックや世界選手権に向け、ギリギリまで選手を競わせ、それによってレベルを上げていく方法で強化をしてきました。しかし、内定を維持するとそれができません。選手たちは皆、過酷な勝負の世界で生き抜いてきた者ばかりとはいえ、一人の人間です。人間はそんなに強くないので、一年という時間がどのように作用するのか、見通せないところがありました。ましてや試合もない、練習もこれまでと同じようにはできない、という何もかも初めての事態。確実なことは何一つない状況でもありました。

メリットとしては、やはり選手を消耗させずに済むことです。あの過酷な選考をやり直せば、相当な緊張とストレスの日々をもう一度、経験させることになります。それを回避できたことは、選手の心身の状態を保つうえでとても重要なことでした。

また、時間ができたことで、長期的視野に立った強化ができることもポジティブな面であると捉えました。通常は年間を通して大会があるため、時間を必要とする技術開発やトレーニングになかなか腰を据えて取り組むことができません。ですから、思いがけずできた時間を使い、以前からやりたいと思っていたことに着手できると考えました。また、国際大会が再開された暁には、過去3年にわたって、代表選考を基準に行っていた大会の選手派遣もこれまでとは違うやり方で進めていけるのではないかと考えました。

唯一残った66kg級の代表選考については、この時点では実施方法さえも未定でした。目標となる選考試合を一日も早く決めてあげたいと思いつつも、感染状況と照らし合わせるとそんなことを言える状況ではありませんでした。少なくとも組み合っての稽古再開から3カ月は経ったあとでの開催にしよう、という見込みを立てることができたくらいで、あとは何も決められず、しばらくは歯がゆい思いが続きました。

監督任期の延長

資格維持が決まった強化委員会、常務理事会では私の監督任期の一年延長も決まりました。全日本強化チームの監督任期は一期4年、最大2期まで。私はすでに2期目で、任期満了が2020年9月30日に迫っていたので、オリンピック開催延期を受け、私の監督としての任期も延びることになったのです。

オリンピック延期が決まったときから、翌年まで務めるつもりでいたので、正式に決定してホッとしました。ただし、この時点では翌年開催される保証はどこにもなかったので、もし、再延期されるようなことがあれば、そのときには、交代した方がよいだろうと思いました。2024年パリオリンピック、2028年ロサンゼルスオリンピックのことを考えると、次の世代にバトンを渡し、新たな体制で強化を進めていく必要があると思ったからです。

一方、オリンピック代表内定選手以外の強化選手への対応は、ほとんどできていませんでした。オリンピック延期とパンデミックにより、国際競争力を高めるチャンスがひとまず消滅したわけですから、強化選手たちはオリンピック代表とはまた別の不安を抱えているに違いありませんでした。東京オリンピックが予定通り開催されていれば、オリンピック閉幕後の9月から新たな強化サイクルが始まるはずだったのです。

そこで、強化活動再開の目途は立たないけれども、せめて現状を伝えるメッセージを送ろうと、金野強化委員長、増地女子監督と連名で、全強化選手宛てに文書を届けました。5月の時点で我々にできることはそのくらいのことしかありませんでした。

全日本が再始動

代表内定選手の資格維持が決まり、ある程度の方向性が定まった東京オリンピック代表チームは、6月に入ってオンラインミーティングから活動を本格再開させました。

ミーティングには男女の全内定選手をはじめ、山下泰裕全柔連会長、金野強化委員長、3人の副委員長、監督、コーチ、スタッフ、総勢50名ほどが参加しました。山下会長から激励のメッセージをいただき、さながら東京オリンピックへ向けての〝決起集会〟となりました。このミーティングを境に、男子だけでも全体ミーティングを月に1回のペースで開催し、練習状況の報告を受けたり、情報を提供したりしていきました。今では当たり前になったオンラインミーティングですが、当初はウェブ会議システムのつなぎ方がわからなかったり、画面上に顔が出ることに戸惑いがあったりしました。しかしながら使ってみると本当に便利で、東京オリンピックまでコーチ、スタッフ会議ではフル活用しました。

柔道衣を着ての稽古が再開されたのは、6月に入ってからです。感染状況は地域によってばらつきがあり、所属先の考え方もあったので、それぞれが状況に応じて、全柔連医科学委員会策定のガイドラインに従い、できる範囲で段階的に再開していきました。

練習場所については、所属先でできる選手は所属先で行い、難しい場合は全日本強化チームが調整しました。練習参加をお願いした企業や大学はいずれも、オリンピック代表のためなら、と快く受け入れてくださいました。力をお貸しくださった皆さんの優しさには心打たれるものがあり、深く感謝しました。

7月に入ると、内定選手たちは東京都北区のハイパフォーマンススポーツセンター内にある、味の素ナショナルトレーニングセンターの利用を再開しました。

静寂の特別な試合

夏休みが終わると、中学生、高校生の試合が各地で再開されていきました。いずれも人数や試合数を制限しての小規模なものでしたが、全国から届くそれらの知らせは、日本柔道が確実に前進していることを示すもので、私自身とても心強く、背中を押されるような思いでした。

いずれの大会も、全国中学校大会、インターハイが中止となったことで節目の大会を迎えられなかった中学3年生、高校3年生を対象にしており、各地の関係者の皆さんがなんとかして、練習の成果を披露する場を作ってあげたいと計画されたものばかりでした。

私もぜひ試合を見たいと思い、9月6日に神奈川県立武道館で行われた神奈川県高校柔道特別試合を観戦しました。

試合は男女混合による団体戦で行われました。出場したのは3年生のみ男女合わせて60人。学校の垣根を取り払って4つのチームを編成し、11人制の団体戦がリーグ戦形式で行われました。個人戦を行うにも、学校単位の団体戦をやるにも、人数が少なすぎるために編み出された方法だと思いますが、仲間と力を合わせて闘う団体戦を、所属の枠を超えて経験できる素晴らしい機会だと感じました。国内では男女混合団体戦は公式戦では行われていないので、コロナ禍だからこそ実現した、まさに特別な試合でした。

試合は無観客で行われ、感染防止対策の観点から試合場外からの声援、声かけが禁止されていました。この声かけ禁止も特別感がありました。会場内に響くのは選手の息づかいや柔道衣がすれる音、足音だけ。静まり返った中で進む試合がとても新鮮だったのです。何しろ静かなので試合を見る側も集中して観戦でき、とても心地よいものでした。全柔連医科学委員会は、コロナ禍では練習であっても大声での指導を控えるよう求めていますが、発声が制限された環境で柔道をすることは、案外悪くないことなのではないかと思いました。

このような特別感たっぷりの試合は、選手たちにとってかけがえのない思い出になったはずです。節目となる試合ができたことで、次なるステージへ進む活力になったことでしょう。

また、コロナ禍だからこそ実現した試合方法に、未来への可能性を感じました。近年、部活動についてさまざまな問題が指摘され、議論が持ち上がっています。より多くの人に柔道に親しんでもらうため、今回のような静寂の中での試合方式を参考に、新たな環境作りに取り組んでもよいのではないかとも思いました。

公式戦が再開

延期決定から7カ月後の2020年10月になると、世界各地から大会再開の知らせが続々と届き始めました。まず動いたのがヨーロッパです。10月3、4日にクロアチアのドブロブニクでヨーロッパカップが開催され、10月23〜25日にはハンガリーのブダペストで、3月以来中断していたIJFツアー大会（グランドスラム・ハンガリー）が再開されました。同大会へのエントリーは61カ国405人。コロナ禍前の同規模の大会より100〜200人ほど少なく、欠場選手も多かったものの、これほどの国と選手がすでに国際試合ができるほどに持ち直していることに、焦りを覚えました。もちろん日本と海外では状況が異なりますが、現地から届く試合映像を見ると、いずれも好勝負ばかりで、選手たちのコンディションもかなりよさそうに見えました。海外勢のたくましさを改めて見せつけられ、我々としてもできることをやっていこうと気持ちが引き締まりました。

日本でも10月からシニア対象の公式戦が再開し、無観客ではあったものの、10月31日、11月1日に講道館杯（兼全日本選抜体重別選手権）、12月26日に天皇杯全日本選手権、同月27日に皇后盃全日本女子選手権が無事に開催され、日本柔道が力強く動き出したことを実感しました。所属チームによって練習状況は違いましたが、選手たちが未曾有の事態にあっても、工夫しながら稽古やトレーニングをしてきたことがうかがえる、見応えある試合ばかりでした。技や技術はやはり、試合で披露されて磨かれ、選手は試合を経験して成長していきます。再開した国内大会を見ながら、試合があることのありがたみを深く感じていました。

こうして国内大会が無事に開催された一方、12月に予定されていたＩＪＦツアー大会であるグランドスラム東京は中止されました。オリンピックを翌年に確実に開催するためにも、少しでも早く国際大会を実施し、日本のスポーツ界に活気をもたらす役割を担えればと考えていましたが、感染状況を考えると厳しいとのことで、9月の段階で開催が断念されました。

阿部一二三と丸山城志郎の死闘

阿部一二三と丸山城志郎が激しく争っていた66kg級の東京オリンピック代表の選考試合は、2020年12月13日、講道館大道場において史上初のワンマッチ、「直接対決」で行うこととなりました。

代表争いをリードしていたのは、2017、2018年世界選手権で優勝した阿部でした。しかし、丸山が猛追し、2019年全日本選抜体重別選手権決勝と世界選手権決勝で立て続けに阿部を倒し、オリンピックの一年前というタイミングで強烈な存在感を示していました。ところが、その世界選手権から2カ月半後の2019年11月のグランドスラム大阪の決勝で、今度は阿部が丸山に勝利。この時点で両者の成績はほぼ横一線となりました。

そこで我々強化チームとしては、この二人のどちらかを代表に選ぶには、直接対決か、同一大会の成績で上回った方とするしかないと判断しました。2020年2月のグランドスラム・デュッセルドルフに二人を出場させ、直接対決が実現すれば勝った方、実現しなくても大会成績が上回った方を代表に選出することとしたのです。しかし、この大会を丸山が左膝内側側副靱帯損傷により欠場します。阿部は出場して優勝しましたが、代表決定は4月の全日本選抜体重別選手権に持ち越されることとなりました。

そのような状況下で決まったのがオリンピックの延期であり、全日本選抜体重別選手権の延期でした。選考大会の日程をどうするかについては、組み合っての稽古の再開後、最低でも両者ともに3カ月以上経過していること、という条件を早い段階で決め、両陣営にも聞き取りを行い、年内決着の方向で調整を進めていました。7月の時点でいったんは、12月に予定されていたグランドスラム東京に設定する方向で固まりかけましたが、9月に開催中止が決まって白紙となり、紆余曲折を経て、最終的には中止となったグランドスラム東京と同日程の12月13日に、ワンマッチで行うこととなったのです。

日程の相次ぐ変更に、二人はよく耐えたと思います。私は両陣営のもとを定期的に訪れ、練習を見ていたのですが、両者ともいつ訪れても驚くほど落ち着いていました。選考試合の日程が決まる前も、決まってからも、やるべきことを淡々とやり続け、執念を持って準備していました。その姿を見て、代表になる、ならないは別にして、オリンピックの存在が彼らを成長させていると感じずにはいられませんでした。

このような過程を経て行われた66kg級東京オリンピック内定代表決定戦は、日本柔道史に残る名勝負となりました。

阿部、右組み。丸山、左組みのケンカ四つ。

圧倒的なパワーとスピードが持ち味の〝剛の阿部〟。どんな技もしなやかにさばき、滑らかに技に入る〝柔の丸山〟。

阿部は試合開始から足技を中心にトップスピードで攻め、一方の丸山は時間が進むにつれて、その阿部の攻めにじわじわと対応していきました。ともに釣り手に工夫が見られ、相手のよさを殺しつつ、自分のよさも出し、ときには我慢をして、それぞれのやり方で試合を組み立てていました。強く印象に残ったのは、両者ともに相手に投げられる恐怖感を克服し、その対策をしっかり練ってきていたことでした。私から見て、両者はともにそれぞれの持ち味を発揮し、この日のために準備してきたこと、やりたかったことを存分に出せていたのではないかと思います。

勝負は時間無制限の延長戦にもつれ込みました。ちょっとしたことで流れが変わる、一瞬たりとも気の抜けない展開だったと思います。試合を決めたのは、阿部の大内刈による「技あり」。本戦と合わせて24分間にもわたる激闘でした。ともに勝利への執念を燃やし続け、死力を尽くした勝負となりました。

試合直後、すぐに強化委員会を開き、事前に決めておいた「勝利を収めた選手を代表に選ぶ」という内定条件の確認を経て、阿部が東京オリンピック66kg級代表に内定しました。長い長い代表選考に終止符が打たれた瞬間でした。

翌朝、新聞を広げると二人の試合の様子が報じられていました。

そこには、「お互いの存在があったから、強くなれた」と相手を認め、称え合う二人のコメントが紹介されていました。苦しい時間が、これほどまでに彼らを人間的に成長させたのかと強く心が揺さぶられました。

誰も経験したことのないワンマッチという過酷な条件のもと、両者は見事な柔道をしてくれました。どちらが勝ってもおかしくない、正真正銘、世界一を決める闘いであったと言っていいと思います。できることなら東京オリンピックの決勝で二人を闘わせてあげたかったと、叶わぬことはいえ、心の底からそう思いました。

右が金野強化委員長、左が増地女子監督

特別鼎談01

金野潤×増地克之×井上康生

全日本柔道の組織論

フェアと信頼、和して動ぜず

男女の垣根を越えたチームワーク

井上　この鼎談は、東京オリンピックに向けての全日本柔道連盟強化委員会の取り組みについて、組織運営の視点から振り返っていただこうと企画しました。東京オリンピックまでの5年間、金野強化委員長、増地監督とは常に連絡を取り合いながら、強化にあたらせていただきました。お二人と仕事をさせていただいて本当に勉強になりましたし、とても心強かったです。ありがとうございました。

金野　本当に毎日のようにやり取りしていましたね。こちらこそありがとうございました。

増地　私はリオオリンピック後に、本当に右も左もわからない状況で女子の監督になりました。私の方こそ井上先生の存在は心強かったです。以前は男女の垣根というか、見えない壁があったと思うのですが、そんなのはなしにして、とにかく柔道界を盛り上げていこう、一緒に強くなろう、男子も女子も関係ないんだという考えであらゆる情報を共有していただきました。本当に助かりました。

井上　本日は3人での開催になりましたが、ほかにも山田利彦先生、中村兼三先生、渡辺涼子先生の3人の副委員長とも非常に細かくやり取りしてきましたし、男女それぞれの総務コーチである岡田隆先生や田村昌大先生とも常に情報を共有していました。東京オリンピックの柔道日本代表はチームワーク抜群だったと思います。

金野　そうですね。3人の副委員長、総務コーチのお二人、皆さんがそれぞれの立場で動いてくれました。皆さん、本当に優秀でした。ですから私が委員長として一番気をつけたのが、皆さんの邪魔をしないこと、余計なことを言わないことでした。のびのびやっていただきたいと思っていましたので、そこは一番気をつけたところだったと思います。

井上　金野先生は何かをするとき、常に我々に相談をしてくださって、どうするか意見を求めてくださいました。それで最終的には、例えば連盟の幹部や選手たちの所属先との折衝に関しては、すべて率先して動いてくださいました。今回、金野先生、増地先生にご登場いただいたのは、全日本強化チームが組織としてしっかりと固まった素晴らしいチームであったことを、ぜひ記録に残したいと思ったからです。東京オリンピックで女子が4個、男子が5個の金メダルを獲得できた強さの理由は、そこにあったのではないかとも思っています。世の中には「柔道は日本が勝って当たり前」と思われている方がおそらく、少なからずおられると思うんです。でも、そんな甘いものではないこと、それこそ勝つために世界一の意識の高さと緻密さでいろいろなことをやってきたこと、これを一人でも多くの方に知っていただきたいし、文字として残して、後世に伝えたいと思いました。

忖度なし。本音で言い合える関係性

金野　私は今も日大柔道部で監督をしていますが、指導者の端くれとして、お二人を近くで見ていてとても勉強になりました。この5年間で私はものすごく変わりました。一番は怒鳴らなくなったことですね（笑）。

井上　我々は紳士ですからね（笑）。

金野　井上先生は怒っているときは黙っています（笑）。だからわかるんです。

井上　黙ってイライラしているんですね（笑）。

金野　でも絶対に怒鳴らない。私なんかはそれまで、やる気の見えない学生がいたら「お前、なんだそれは！」と言ってしまうようなところがあったんです。でも、増地先生もそうですが、選手をいい感じで諭しながら、いつの間にかいい方向へ持っていくんです。お二人とも、しゃべるのも上手だけど、聞くのも上手ですよね。私はそれが苦手だったので。お二人と5年間ご一緒する中で、そこは自分の中でものすごく変わりましたね。妻にも言われました（笑）。

井上　私からすると金野先生のお人柄はまったく変わりませんでした。やっぱり人は権力を持つと変わってしまうことがありますよね。でも、そういうことは一切ありませんでした。先ほど、余計なことをしないようにしたとおっしゃっていましたが、だからといって馴れ合いになったのではなく、「それは違うんじゃないの？」ということも、ちゃんと言ってくださった。そのバランス感覚のおかげでチームはしっかりまとまっていたのだと思います。

金野　今までいろいろな組織を見てきましたが、どんなに能力のある人間がたくさんいても、お互いを理解しよう、尊重しようという気持ちがなければうまくいかないんですよ。それは経験としてありました。そういう意味では、仲がいいというのはすごく子どもっぽい言い方かもしれないけど、組織が動いていくうえでは大切なことでした。ただし、和して動ぜずで、馴れ合いになって言いたいことも言えずに気を使うのはダメ。でも、それは皆さん、なかったですよね。ですから、皆さんと一緒に過ごす時間が増えれば増えるほど、お世辞とか建前ではなく、本当にすごい人たちだという思いが増していきました。強化委員長に就任したとき、山下会長には「思いっきりやってくれ」と言われて、どうすればいいのかわからないところもあったのですが、みんなが意見を言えるような空気を作るということだけはやってきました。でも、最初はね……強化委員長って偉そうにしなきゃいけないのかなとか思ったりしたんですよ(笑)。でも、そんな必要はなかったです。私も素の自分で接することができました。

さらに言うと、皆さん、とても謙虚なんです。ヒエラルキーだとか、決定権はこっちだとか、そういうことを主張される方が誰一人いませんでした。それは私自身も心地よかったし、そういうチームであったと自慢できるところです。それと、もし自分の功績を言うなら、3人の副委員長の人事ができたことかな。

井上　女子の総務コーチの田村さんの存在も大きかったですよね。あの3人と一緒に仕事ができたことは、本当に幸せなことでした。

増地　彼は私が求めていること以上のことをやってくれました。縁の下の力持ちじゃないですけど、本当に助かりました。彼はいろいろなことができるんですよ。事務的なことから、選手のトレーニングパートナーまで。マルチな才能を発揮してくれました。

彼のことはリオオリンピックまでまったく知らなかったんです。私は永瀬（貴規／筑波大卒。増地監督の教え子）の応援でリオオリンピックに行っていたのですが、予選ラウンド終了後、いったん会場の外に出て食事をしたとき、たまたま同じテーブルになってそこで初めて挨拶しました。その後、いろいろな人から「田村はいいぞ」と言われて、それで総務コーチを担当していただくことになりました。そしたらもう、水を得た魚のようによくやってくれました。

金野　増地先生と波長がめちゃくちゃ合っていましたね。井上先生と岡田先生もそうでした。

井上　総務コーチは、全日本強化チームの中でも非常に重要な役職だと思います。基本的には事務作業が得意な人が適任だと思いますが、全体を見る視野の広さとともに、監督とのフィーリングも重要です。そうでなければ、意見を言い合えないし、お互い頼みたいことも頼めません。そこの関係が詰まってしまうとチームに悪影響を及ぼします。そういう意味においても、私にとっての岡田先生、増地先生にとっての田村さんの存在はすごく大きかったですね。

いつも会議ではみんなでさんざん意見を言い合い、よしこれで決まった、ここから一致団結して進んでやっていこうという雰囲気になりましたが、あれって意外とできるようでできないことなんじゃないかと。意見を否定されたら、自分自身のことを否定されているように感じる場合もあると思うんです。でも、そういうのがまったくなかった。

増地　ベクトルが同じ方向に向いていたということですよね。

金野　本当に忖度とか、妥協をせずに進んでいました。それがやっぱり、東京オリンピックの成果として表れたのではないかと思います。

七人七様。隙がなかった女子チーム

金野　増地先生は、すごく傾聴されていたのが印象的です。ご自身でも心がけていたのですか?

増地　傾聴については、心がけていたというより、私もあまり自信がある方ではないので、いろいろな人の意見を聞いて、いいとこ取りじゃないですけど、皆さんの意見を尊重していこうとは考えていました。コーチ、スタッフの皆さんは私の持っていないものを持っている人たちでしたし、選手に対しても、それぞれが主体的に動くことが一番だと思いますので、まずはどう考えているかを聞いてからこちらの意見を述べるようにはしていました。みんなの意見を聞いて、一番いい答えを出してそれで進んでいくのが、組織として大事なんじゃないかと思いますね。

井上　増地ジャパンの選手たちはみんな自立していましたよね。それぞれの個性を尊重し、選手たちが自分たちで動いていくようなチームだと思いました。あれは就任した当初からそうだったんですか？　それとも、やっていく中で変わっていったのですか？

増地　とにかく主体的にやろうということは、2016年の就任当時に話をしました。そこから選手たちがすごく成長していったのではないかと思います。特にこのコロナ禍の一年間でそれを感じました。

井上　私もそれは感じました。自立して行動できる理想の集団だなと。

金野　担当コーチが選手たちをうまく導いていましたよね。

井上　コーチたちの存在は絶大でした。あのコーチたちにして、このチームあり、でした。サポートスタッフもそれぞれが持ち場で仕事をしてくれました。

増地　トップ選手ですから、もともと主体的に動くという自覚はみんな持っていました。でもやっぱり自国開催ということと、コロナ禍で開催してもらったことへの感謝の気持ちが大きいですね。東京オリンピックではそれがすべて合わさったのだと思います。試合後のコメントなどでも、まずは開催への感謝を語っている選手ばかりで、人間的な部分での成長が見られました。

井上　隣で見ていた人間の勝手な感想ですが、今回の女子チームには隙がなかったですよね。寝技重視の戦略で各選手が本当に成長したのではないかと思います。こんなに隙がなかったら、ほかの国はかなり苦しいだろうなと見ていました。そういうふうに思わせるようなチームを、増地先生が作られたのだと思います。七人七様の面白いメンバーでしたね。代表以外のほかの強化選手もどんどん個性が出てきたように感じます。そういうところについては、何か意識して行ったのですか？

増地　強化方針として寝技を前面に出したこと、これはやはり大きかったのかもしれません。寝技を得意としている選手は根気強く、同じことを繰り返しやれるタイプが多いのですが、今回の7人の代表はもともと、みんな寝技ができました。ですから本当に気持ちの浮き沈みがないというか。これは大きかったですよね。

井上　それが強化チーム全体に影響していましたよね。寝技に力を入れる選手が増えていったと思います。そのチーム作りの詰め方というのは本当にすごいなと。女子、強いなと思って見ていました。チーム作りの柱に寝技があったことは、改めて興味深い話だと思います。

増地　寝姿勢になればチャンスがある、と選手たちは自信を持って戦えたのではないかと思います。じゃあ実際、寝技の練習にそれほど時間をかけていたかと言ったら、そうではないんですね。立ち技から寝技への移行を意識していたということだと思います。濵田（尚里、78kg級金メダル）はちょっと別でしたけど。

稽古以外の〝点〟を打つ

金野　男女ともに共通していたのが、柔道の稽古以外のことをいろいろとやったことです。柔術やレスリングといった他競技の体験など、柔道以外で選手を刺激する〝点〟をいくつも打っていました。

もう一つ共通していたのが、道場での稽古がどちらもとても静かだったことです。昔の柔道場は「何しとんや！」みたいな怒号が飛び交っていましたが、そんなのは一切ない。また、お二人とも終わったら必ず誰かと対話をしているんですよね。冗談を言ったり、問答をしていたりする。稽古以外のところに力を入れていろいろな点を打ち、普段から何気ないコミュニケーションを図るということが、コーチングとして浸透していると感じました。お二人ともそういう狙いがあったのですか？

井上　男子の場合、柔道以外のいろいろなことをやったのは、世界一を目指す集団として、それぞれの個性を伸ばしたいという狙いがありました。個性を伸ばすには専門領域だけでいいのかと言えば、私はそうじゃないと思っています。専門領域外のことに手を出して知識を広げていき、そこでもう一つ自分自身のオリジナリティーに変えていくような作業があると、個性はより一層伸びていくんじゃないかと。

そしてもう一つ、これは私自身の考え方の根本でもあるのですが、人と接したり、本を読んだり、新聞を読んだり、何かを体験したりする中に、いろいろな宝が眠っていると思うのです。専門のフィールドで闘ってその中で学ぶことと、アウトフィールドから学ぶこと、この両面が必要なのだと思います。そのためには選手のマインドをオープンにして、そういうことを受け入れられるようにしていかなければなりませんでした。その中で金野先生がおっしゃった、選手とのコミュニケーションにつながることもあったのかなと思います。でも金野先生も、大学の指導では柔術やいろいろなものを取り入れられていますよね。

金野　私も井上先生と同じような狙いがあって取り入れています。女子はレスリング日本代表の練習に参加しましたが、インパクトがありましたね。

増地　そうですね。リオオリンピックの日本の女子レスリングの活躍が強く印象に残っていたので、これは何かあるのではないかということで金野先生に相談して、2017年の4月にNTC（味の素ナショナルトレーニングセンター）で練習を見学させてもらいました。吉田沙保里さん（女子レスリングフリースタイル・オリンピック3連覇）にもお話をしてもらって、非常に貴重な機会となりました。

ほかにもいろいろな競技とのクロストレーニングをやりましたが、やはり選手たちの視野を広げることがまず大事なことでした。国際大会に出ると多くの課題が見つかります。それで、例えば心肺機能を高める必要があるとなったら、ラグビーのトレーニングをやってみようとか、握りを強くしたいということであれば、クライミングをやってみようとか。それが本当にためになったかどうかはわかりませんが、選手たちは普段はそういう機会がないので、いい経験になったと思いますね。

井上　何かに気づくことがとても重要なんじゃないかと思います。そういうことを1回や2回やったからといって、それで技術の強化ができるかと言えば、そうじゃない。でも、こういう世界があるとか、こういうことから柔道にリンクできるとか、そういったものを学べる機会があること自体にとても意味があるのではないかと思います。

増地　おそらく選手たちは、柔道以外の競技をやることによって、柔道がいかに恵まれているかということを感じたはずです。それに気づくことができたのではないかと思いますね。

金野　井上、増地監督体制の全日本の合宿は、強化選手ではない人たちが、ここに参加したいと思うような取り組みをしていたと思います。もちろん、みんな強化選手になりたいんだけど、あんなにいろいろな体験ができるのですから、より強く強化選手になりたいと思うようになったのではないでしょうか。

井上　選手たちがいろいろと学び、世界で闘える、勝てる集団になっていくための環境だったと思います。

増地　やはり、全日本でしかできないことはあると思います。強化選手は所属先に帰ると、所属の中のメンバーの一人に戻ります。所属先の指導者は、代表だから、強化選手だからといって特別扱いをするわけにはいきません。全日本の合宿を1週間やって体力がつくかと言われたら、そんなことは絶対にないんですよ。じゃあ我々にできることは何かと考えると、国際大会や海外の選手の対策を主導していくこと。そこに全日本の役割と存在理由があると思います。

金野　井上先生が監督に就任されてから、全日本と所属先との関係が変わりました。私はリオオリンピックまでは強化選手の所属先（日本大柔道部）の監督の一人でしたが、普段から情報をくれるし、練習内容や試合についてフィードバックしてくれました。所属先の先生方は、自分たちが一生懸命育ててきた選手を全日本が大切に扱ってくれると、それはやっぱりうれしいですし、人間ですから、それなら全日本にもっと協力しようと思います。そういう相乗効果が生まれたことは私自身、実感していました。

世界で闘う覚悟

井上　今回、ぜひうかがいたいと思っていたのが選手選考の話です。私は、選考は何度やっても慣れませんでした。辛い仕事でした。

金野　やっぱり両監督とも選考ではいつも悩まれていましたね。選考の前は二人ともどんよりしているのがわかるし、相当眠れない日々を過ごしてこられたのだろうと、いつも感じていました。

増地　私は、女子の選考について井上監督に「こういう場合、男子だったらどう？」と相談したりしていました。アドバイスをいただいていたのです。

井上　アドバイスにはまったくなっていなかったと思いますが、「男子だったらこう考えます」みたいな感じで、自分の考えをストレートにお伝えするということはありました。

増地　私はとても心強く感じていました。

井上　選考については、早期内定制度の導入も含め、本当に多くの時間をかけて詰めていきました。どうやったら東京オリンピックで勝てるのかという戦略の一つとして。

金野　早期内定制度については、たくさんの方々のご理解とご協力があって実現しました。日本柔道のために協力しようと、多くの方が一肌脱いでくださったおかげです。

一つひとつの選考については、二人ともぶれなかったですよね。すごく迷ったところもあっただろうし、井上監督の涙の会見もあったし、本当にこれでいいのかなという葛藤はあったと思いますが、基本方針はぶれませんでした。すべては選手のために、という思いから、選考基準を明確にして貫いた。言うは易しですが、やりきるには強固な信念が必要です。それに、監督がぶれないと選手も信用するんです。選手たちの力はそこから生まれるんですよね。たとえ自分が選ばれなくても、監督はフェアで信用できる人だと感じていれば、次はその上を行ってやろうと思うんですよね。

井上　選考に100％の正解はないですよね。だから、本当に世界で闘う覚悟があり、その責任を背負える人間でなければ、監督という仕事はできないのではないかと感じます。

増地　代表になれなかった選手をいかにサポートしていくか、これはとても大切なことだと思ってきました。代表が決まって終わりではなく、2番手、3番手の選手を、いかに1番手に近づけていくか。モチベーションを下げないためには、どうサポートして声かけをするか。井上監督もそうだったと思いますが、そこはすごく心がけていました。結局、一人では世界で闘えませんからね。

金野　2017年に強化委員長として初めて世界選手権の代表選考に関わりましたが、代表決定直後の強化合宿は、「さあ行くぞ!」というモードでやるのかと思ったら、お二人ともまずは代表になれなかった選手を呼んで話をしていたんですよね。それを見て、正直、私は驚きました。そしてこれは、選手たちは意気に感じるだろうなと思いました。東京オリンピックでは最後、日本は男女混合団体戦の決勝で負けましたが、表彰式のあとに井上監督が胴上げされたり、増地監督が選手たちにメダルをかけてもらったりする姿を見て、お二人の心が選手たちに伝わっていたんだなと。信頼関係を築くには、フェアであることが大事なんだなと強く感じさせられました。

柔道は仕事であり、人生である

井上　私もそうですが、お二人とも大学の教員としてのお仕事がありながら、全日本の活動に携わられています。そして柔道が仕事にもなっていらっしゃいます。全日本の活動をどう捉えているのかということと、仕事あるいは職業についてのお考えを聞かせてください。

金野　全日本の活動をするにあたっては大学の理解があるからこそできているので、それは本当にありがたいことだと思っています。強化委員長という役職については、私の場合、２０１６年に山下会長から就任の打診があったとき、最初はお断りしたんです。東京オリンピックに向けて強化委員長をやるなんて夢にも思っていませんでしたから、とんでもないことですと。

井上　そうだったんですか。初めて聞きました。

金野　山下会長には無理です、とはっきり言いました。そうしたら会長は「ほかに誰がいるの?」と。それで一晩考えさせてくださいとお伝えして、家に帰ったのですが、寝られなかったですね。朝まで考えました。やっぱり、結果が出ないことが怖かったんです。それは最後まで変わりませんでしたが、結局、やりたくないとか、怖いというのは自分のエゴだとそのとき思いました。自分なんてオリンピックにも世界選手権にも出たことがなく、そんな人間が東京オリンピックに向けての強化委員長をやるのはおこがましいという気持ちもありました。みんなからどう思われるかな、とかも考えましたね。でも、それは自分自身のエゴ。それによく考えたら、私は柔道があるから今の生活があって、それこそ大学の教員もできているわけです。その柔道に恩返しできる機会が目の前にあるのに、怖いという理由で断っていいのだろうかと思い直しました。

綺麗事に聞こえるかもしれませんが、自分のことばかり考えちゃダメだなと思ったんですね。それに私のような人間に強化委員長の話がきたのには何か意味があるんだろうと思い、その意味をちゃんと見つけたいとも思いました。それで最終的にはやらせてもらうことになりました。井上監督、増地監督、副委員長やコーチといった仲間たちと過ごせて、選手たちの頑張りを見ることができて本当に幸せだったと思います。

井上　そんなふうに考えられていたんですね。今のお話は絶対に残したいです。増地先生はいかがでしょうか？

増地　私は幸運にも、筑波大では柔道コーチングを専門に教えています。全日本の監督をやるにあたっては、その延長線上で全日本のコーチングを学ばせていただける機会を得たという思いがありました。誰もができることではありませんから、本当に恵まれていると思っています。柔道を仕事にしていることについても、やりたい仕事ができているわけですから、これ以上の幸せはないと思っていますし、幸運だと感じています。

井上　私も東海大学に所属しながら全日本を中心に活動させてもらいました。大学と周りの皆さんのご理解なくしてはできないことでした。だからこそ全日本の活動に対しては人生をかけ、プライドを持ってやってきました。

仕事という観点から言うと、大好きな柔道に携わる仕事ができていることは幸せなことだと思っています。私の子どもの頃の夢は「柔道で強くなって生活をすること」でした。柔道家として強くなり、お金を稼いで生活をするというイメージを持っていて、それを叶えることができているんです。好きなことを仕事にすると苦しみや大変なこともつきまとうものですが、誰もが好きなことを仕事にできているかと言うと、そうではありませんよね。ですから、トータルで考えると、柔道に携わる仕事をさせてもらっていることについては、これほど幸せなことはないと思っています。

金野　私の場合、年齢とともに考え方が変わってきました。仕事には、自分のやりたいことと社会から求められること、この二つの側面があると思います。この二つが近づけば近づくほど、幸せを感じられるのではないでしょうか。例えば、絵を描くのが好きであっても、社会的に評価されなければ、自分がやりたくてもなかなか仕事にはならないということです。でも、少しずつ評価されていって、社会の要請が近づいてくることもありますよね。僕が大学を卒業した頃はちょうどバブル時代で、「24時間戦えますか」というCMが流れていました。そんな時代だったのでどちらかと言うと、社会から求められることの方が大事という考え方だった気がします。でも今は、自分のやりたいことも重視され、二つが近づいてきている時代だと思います。ですから、学生から「将来、何をしたらいいですか？」と聞かれたら、今の私は無責任かもしれないけれど、「やりたいことをやった方がいいよ」と言います。この年齢になると、若くして亡くなった人たちをたくさん見てきました。私の父も私が大学1年生のときに死んだから、それはすごく感じていて、明日どうなるかわからないのであれば、やりたいことをやった方がいいと思うのです。

学生たちには「世の中は甘くないと言われるけど、甘いところもあるし、甘くないところもある」とも言います。社会から求められるということは、誰かのためになるわけです。誰のためにもならないことは結局うまくいきません。柔道部を出た人間にも絵描きや、ミュージシャンとして食べていきたいという者がいますが、なかなか仕事としては成り立たなくて、それぞれ苦しいとは思いますよ。でも、人間はどこに行っても苦しいときは苦しい。だから、「自分が死ぬときにあっちを選んでおけばよかったと思いそうなら、そっちを選んだ方がいい」とも言っています。

井上　これは多くの人の心に響くお話なのではないかと思います。金野先生、貴重なお話をありがとうございました。

本日はお二人からこれまでうかがったことのないお話も聞くことができ、私自身、改めて大変勉強になりました。金野強化委員長、増地監督は2024年のパリオリンピックへ向けて続投され、すでに新たなサイクルで活動を始められています。私も男女統括強化副委員長としてお二人を全力でバックアップしていきます。本日はどうもありがとうございました。

（2021年9月収録）

金野潤　こんの・じゅん

全日本柔道連盟強化委員長／
日本大文理学部教授

1967年3月20日生まれ、東京都出身。日本大第一高→日本大文理学部卒。日本大大学院総合社会情報研究科人間科学専攻博士前期課程修了。2003年から日本大柔道部コーチ、のちに同大監督。2016年11月から全日本柔道連盟強化委員長。1991年アジア選手権無差別級優勝。1993、97年同95kg超級優勝。1994年アジア大会95kg超級優勝。1994、97年全日本選手権優勝。1998年講道館杯100kg超級優勝。

増地克之　ますち・かつゆき

全日本女子柔道強化チーム監督／
筑波大体育系教授

1970年9月29日生まれ、三重県出身。県立桑名高→筑波大体育専門学群卒。筑波大大学院修士課程体育研究科コーチ学専攻修了。博士(スポーツ医学)。2006年から筑波大柔道部監督。2016年11月から全日本柔道女子強化監督。1993、97、98年全日本選手権3位。1994、95年全日本選抜体重別選手権95kg超級優勝。1994年アジア大会無差別級優勝。1997年アジア選手権無差別級優勝。

第4章　チーム運営

風通しのよい組織

全日本強化チームの運営にあたり、私が監督就任時から大切にしてきたのは、コーチ、スタッフが全日本の活動に心からの喜びと生きがいを感じ、それぞれの人生によい影響を及ぼすものであってほしいということでした。

そのためには、まず我々は選手以上に成長しなければいけません。この基本姿勢を徹底しました。コーチが成長していかなければ、選手の成長はなく、選手の成長がなければ、世界トップの座は簡単に奪われてしまう、その危機意識を共有したいと思いました。全日本強化チームがよいチームだったとすれば、この危機意識を皆が持ち、成長を続ける姿勢があったからだと思います。

そのために、仕事をしやすい環境作りを心がけました。具体的に伝えていたのは「無理をしすぎない」こと。世界を相手に成長を続けることは、限界突破への挑戦でもあるので、どこかでやはり無理をしなければいけません。しかし、無理は「しすぎる」と必ず弊害が出ます。そこで、全日本の活動にあたっては、無理のしすぎが当たり前にならないよう、コーチ、スタッフ間で補い合い、助け合うことを心がけました。

例えば、予定していた海外遠征に、仕事の都合で参加が厳しくなりそうだ、という場合は遠慮なく申し出てもらうようにしました。なんとかやりくりして参加したとしても、それがストレスになったり、所属先に負担をかけたりするようなことがあっては困ります。所属先の理解なくして我々の活動は成り立たないので、本業とのバランスを崩さないよう、また全日本と本業の調整がストレスにならないよう気を配りました。

プライベートも大切にしてもらうよう気を配りました。例えば、奥さんの体調が悪いとなったら、そのときは家族優先。予定していた全日本の活動は誰かにバトンタッチするという〝監督命令〟を出しました。一昔前の犠牲的精神はなしにして、チームとして、誰かの穴を誰かがカバーし、助け合うことを当たり前にしたのです。

そのためには、意見を言いやすい雰囲気作りが大切です。例えばどんな会議であっても、シーンと静まり返る時間だけは作らないようにしました。意見を求めるときは必ず誰かを指名するようにしたのです。常に意見のやり取りが行われることを当たり前にすれば、自然と意見は出やすくなります。実際、これを続けていくうちに、会議の場で私が誰かを指名することはほとんどなくなっていきました。

しかしながら、全体会議ではやはり言いにくいこともあるので、個別で話す時間も必ず確保するようにしました。階級ごとに行う個別分散合宿や、ちょっとしたときに、「最近、どう？」みたいな感じで気軽に話しかけるのです。そんなふうにして話しやすい雰囲気を意識して作っていました。

しかし、それでも、どうしても意見を言いにくいというケースが当然出てきます。例えば、私が「今回の合宿ではX選手は柔道の稽古を多めにした方がいいよね」と提案したとします。でも、選手本人が担当コーチに「トレーニングを多めにやりたい」と言ってきたとすれば、これは状況によっては、担当コーチが私と選手の間で板挟みになります。ですから、そういうことが起きないよう、第三者――この場合であればフィジカルコーチ――を通じて私に伝わるような雰囲気を作っておきました。

目的を達成するのであれば手段はいろいろあっていいのです。むしろ、いろいろあった方がリスクを拾う網が広がります。抑えるところは抑えたうえで、コーチやスタッフがのびのび仕事できる風通しのよい組織を作ること。それが監督の大事な仕事だと思っていました。

バリュー、ミッション、ビジョン

全日本強化チームの方向性については、「価値（バリュー）」「使命（ミッション）」「ビジョン（将来像）」の3つの要素で考えてきました。これは、経営学者のピーター・F・ドラッカーが、著書『ネクスト・ソサエティ』（ダイヤモンド社）の中で、これからの時代に企業や組織が確立すべき3要素として提唱したものです。私はこれを全日本強化チームに順番を入れ替えてあてはめ、私なりの解釈で次のように考えました。

・ビジョン（将来像）……「最強かつ最高のチーム」を目指す。
・ミッション（使命）……オリンピックにおいて個人全階級と男女混合団体の金メダルを獲得する。それが単なる勝ち負けではなく、柔道の発展につながることを理解する。
・バリュー（価値、行動指針）……選手、コーチ、スタッフ、チーム、それぞれが強みを見出し、自らの価値と、柔道の価値を高めていく。

一つ目の「ビジョン」で掲げた「最強かつ最高のチーム」の「最強」とは、言葉通り、世界で最も強いということで、誰よりも強い選手の集合体というイメージです。

では「最高のチーム」とは何かと言えば、日々の鍛錬を通して人間として成長を続け、柔道家として世界から尊敬され、憧れられる存在という意味です。我々は柔道創始国の人間としての誇りを持ち、競技力だけでなく、人間的に高みを目指す組織であるということです。

二つ目の「ミッション」では、目標を明確に示しました。我々はオリンピックで結果を出すことを最大の目標に強化活動を行っている組織であることを確認するとともに、自分たちの競技活動が、日本柔道の発展と柔道の50年後、100年後につながっていることを理解し、日々の鍛錬に生かしてほしいと考えました。

3つ目の「バリュー」は、それぞれの行動指針として捉えてほしいと考えました。チームを構成する面々が主体的に動き、自らを生かしていくことは、日本柔道全体の価値を高めることにもなります。その意識を根づかせたいと思いました。

このように、私はよくビジネス周りの考え方やツールを活用するのですが、これはリオオリンピック以降、企業や団体からの依頼で全日本強化チームについて話をする機会が増えたことも影響しています。我々の活動に興味を持っていただく理由は、それぞれで違うと思いますが、共通しているのは実践であり、実践に勝るものはなく、実践に勝る説得力はないということです。スポーツは試合によって結果がはっきりと表れるので、まさに実践そのもの。一つの組織が取り組んできたことの成果が可視化されるので、非常にわかりやすいのではないかと思っています。

一家総出のおもてなし

コミュニケーションについては、強化に関わる皆さんそれぞれがとても大切にされていたと思います。金野強化委員長は年末に必ず、関係者を招いて感謝の集いを開催され、全柔連の中里壮也専務理事、国際課、大会事業課の皆さん、コーチ、スタッフが参加し、食事をともにしながら一年を振り返って慰労する時間を設けておられました。

強化現場では、コーチ同士もよく食事に行っていましたし、私も合宿の帰りや何かのタイミングで、コーチやスタッフとの飲み会や食事会を頻繁に開いていました。コロナ禍になってからはオンライン飲み会を試したりもしました。

家族参加のバーベキューも夏の恒例行事でした。２０１９年には、当時、東京オリンピックの一年前ということもあって、女子チームも一緒にやろうという話になり、総勢50人の大バーベキュー大会となりました。

家族を招待するのは、日頃の感謝を伝えるためです。全日本の活動は長期で家を空けることが多く、家族にはいつも寂しい思いをさせています。せめて年に1回くらいは、我々からのプレゼントとして、コーチ、スタッフの奥さんや旦那さん、お父さんやお母さんを助けて頑張っている子どもたち、そういった人たちに感謝の思いを伝える場を作りたいと考えました。でも、やはりというか案の定というか、日頃の緊張から開放されたコーチたちが率先して楽しんでいました。子ども限定のスイカ割りを塘内ジュニアヘッドコーチに特別に許可したところ、地面に棒をたたきつけ、棒を真っ二つに割ってジ・エンド。子どもたちが号泣するという事件が起きたりもしましたが、これもよき思い出です。

こうした懇親の機会を私が大切にしてきたのは、全日本の活動は、人と人が深く関わり合う場だからです。当然のことですが、活動の過程では苦しいこと、大変なことに何度も遭遇します。腹が立つこともあれば、へこむことだってあると思います。でも、こういう楽しいひとときや、心と心が通じ合う経験があれば、困難に遭ってもそれを乗り越え、よしまた頑張ろう、という気持ちになれるのではないかと思ったのです。

50人もの人が参加するイベントを開催するのはそれなりに大仕事でしたが、毎回、一緒に準備し、仕切ってくれたのが妻の亜希でした。買い出しに行き、流しそうめんの竹を組み、スイカを用意して……と何から何まで、文句一つ言わずに一緒に準備してくれました。我が家の4人の子どもたちもセッティングの手伝いをしてくれましたし、当日は義理の父と母もバーベキューの〝焼き係〟で応援に入ってくれました。全日本のバーベキューは我が家にとっては、一家総出のおもてなしの会でもありました。

このイベント一つとってもそうですが、私が9年間もの長きにわたり、全日本の活動に全力投球できたのは、妻の協力と家族の理解、そしてサポートがあったからです。家族のおかげで私は監督の仕事を全うできました。「ありがとう」とどれだけ言っても足りません。心から感謝しています。

信頼関係の構築

選手の所属先との関係作りも、チーム運営にあたって大切にしていたことの一つです。毎年4～5月にかけて一堂に会して意見交換会を行い、その年の強化方針を伝えるとともに、皆さんから希望をうかがって強化活動に反映させていきました。

また、選手の練習拠点には数えきれないほど足を運びました。信頼関係を構築するためには顔を合わせてコミュニケーションを図ることが一番なので、練習後に監督やコーチの皆さんをお誘いして食事をご一緒することもたびたびありました。こうした関係作りには頭を使いましたし、正直、気も使いました。ただ、気を使うことも監督の仕事だと思っていたので、当たり前のこととしてやっていました。

人間は感情でできている生きものです。対話を重ね、お互いを理解し合い、ともに過ごす時間を作ることが、信頼関係の構築には欠かせないことだと思います。

チーム運営にあたり、頼りにしていたのが岡田総務兼フィジカルコーチです。岡田コーチは専門のフィジカル面の指導の傍ら、総務コーチとしてチームに関するあらゆる事務作業を担ってくださいました。私が監督に就任した2012年、金丸雄介コーチから「人間力がすごい。ぜひ会ってほしい」と紹介されたのが始まりで、すぐに意気投合しました。筋肉に関する超一流の専門家であり、現役のボディビルダーであり、大学の教員である彼から語られる身体に関する話の一つひとつが大変面白く、すぐに引き込まれてしまいました。ぜひこの人と一緒に仕事がしたい、日本柔道再建に力を貸してほしいと考え、全日本強化チームに招聘しました。

とにかく人としての器が大きく、何度助けられたかわかりません。手間のかかる面倒な仕事はいつも率先して担当してくださいましたし、トラブルが発生して私がイライラしていると、私の横にすっと現れ、「井上先生、ここはぐっと我慢です。あとは私がやっておきますから」。そうやって幾度となくサポートしてくださいました。

また、コロナ禍の中での開催となった東京オリンピックは、リオオリンピック前より煩雑な事務作業や手続きが多く、そのうえ国内開催とあって関係各所との細かい調整も求められたため、書類を確認するだけで日が暮れてしまう、そんな状態でした。それを岡田コーチは見事に仕分け、選手とコーチが試合に集中できるように整理、最適化してくれました。

本業の筋肉の専門家としての功績も大きく、柔道選手の身体と、身体に関する意識を大転換した人でもあります。この9年間で選手たちの身体は大きく変わり、柔道に必要なしなやかな筋肉をまとい、世界の強豪に劣らぬパワーを身につけました。

筋肉を愛し、周囲との調和を重んじ、常に前向きに行動して目的を達成する人。岡田コーチの存在なくして、日本柔道の再建はありませんでした。

情報はオープンに

情報共有も非常に重視していました。どんなに些細なことであっても、チームに関わることであれば、コーチ、スタッフの担当や役割に関係なく、誰もがその情報に接することができるようにしました。

情報というのは、それが公になっていなかったり、知りたいと思っていた人に伝わっていなかったりしたときに何かが起きると、まるで隠していたかのように捉えられ、予想外のマイナス方向に進んでしまうことがあります。ときには組織から阻害され、自分が大事にされていないような気分を味わわせてしまうことすらあります。でも、そんなことになるのははっきり言って無駄。ですから、情報はできる限りオープンにすることを心がけていました。

ただし、何しろ大所帯ですし、チーム全員が顔を合わせる機会は年に数回しかありません。そこで大活躍だったのがＬＩＮＥです。リオオリンピック以降、活用頻度と重要性が高まっていましたが、コロナ禍で集まって会う機会がさらに減ったため、以前にも増して有効活用できたと思います。

便利なのが、活動目的や国際大会ごとのグループトークです。コーチ、スタッフ、オリンピック代表選手、コーチ、金野強化委員長と増地女子監督、そこに山田、中村、渡辺の3名の副委員長を加えたグループもありました。また、国際大会が開かれるたびに、出場メンバーと関係者だけでグループを作り、フライト情報からスケジュール、注意事項など、とにかくありとあらゆる必要情報を共有していました。私はそのグループのほとんどに参加しているので、スマートフォンはいつも鳴りっぱなしでした。

加えて、シニアとジュニアの区別に関係なく、情報を共有するようにしていました。あらゆる情報、国際大会の結果をジュニアコーチにも送っていました。塘内ジュニアヘッドコーチにはシニアの合宿にも来てもらっていましたし、代表選手選考会議にも、日頃の会議にもすべて入ってもらっていました。このようにチームとしての流れを把握し、何が大事かということを認識してもらっていたので、いざというときにスムーズに行動できたと思います。東京オリンピック前の世界選手権（2021年6月）には、シニアコーチに代わって現場コーチに入ってもらいましたが、本当に頼りになりました。これはサポートスタッフの方たちも含めて、です。

ちなみに、同じ情報でもその性格によって種類が分かれます。私は外部からの情報については正確性を第一に考えてきました。心がけていたのは、必ず複数の情報源に触れることです。テレビ、新聞、インターネット、本、雑誌など、どれか一つだけに頼らず、複数のメディアで確認するようにしています。一つに絞ると偏りが生まれ、正確で有用な情報を入手できません。できる限り一次情報に近づく努力をすることが大切であり、情報の取捨選択能力も必要です。そのためには、偏りのない情報をやはり自分からつかみにいくしかありません。ＳＮＳの発達によって情報がどんどん流れ込んでくる現代社会において、これはとても大切なことだと思っています。

勝つためのプロセス

「結果を出すためには何が必要ですか？」

監督在任中から、多くの方に尋ねられた質問です。それに対する答えは、「I don't know」。私にもわかりません。でも、ある程度決まったプロセスはある、そう思っていました。ただ、それをやったから必ず勝てるわけではありません。しかしながら、やるべきことをやっていなかったら勝利は見えません。やはり、わかりやすい答えはないのです。だからこそ、目標に向かう過程を充実させることが勝利への最も確実な道であると捉え、チーム運営にあたっていました。

では、過程を充実させるためには何をしたらよいのでしょうか。

まずはマスタープランの策定が非常に重要です。何はなくとも計画がなければなりません。チームとしての目標は何か、どんな方向を目指すのかを明確にしたうえで、選手個人はどんな選手になりたいのか、なんのために勝ちたいのかを考えます。目標を立て、そのためのプランを作り、それを実行し、課題解決のために必要なアクションを起こしていきます。全日本チームにおけるアクションとは、試合に出たり、技を覚えたり、トレーニングをしたり、休養をとったり、といったことです。

そのアクションを適切なタイミングで評価し、必要であればプランを修正しながら、次の行動を起こす、いわゆるＰＤＣＡサイクル（※）に近い発想です。これを的確に高水準でやり続けられる選手、あるいは組織が、目標を達成するのではないでしょうか。

こうしたことは「自己管理」と言うこともできるでしょう。結局は、自分が目指すところへたどりつくためには何をすればいいのか、その計画を立て、自己分析し、相応の準備ができる人間が目標に近づいていけるのだと思います。そのためのサポートをするのが全日本強化チームです。選手自身が定めた目標に向かう過程をともに充実させ、その連続した時間の先に、望む結果が表れるのだと思います。

※Plan（計画）、Do（実行）、Check（測定・評価）、Action（対策・改善）を繰り返すことで、仕事の質を向上させるという概念。

選考基準を明確にする

オリンピックや世界選手権代表に選ばれるような強化選手は、自分の感覚を信じ、その感覚に頼って結果を出してきた人間がほとんどです。それでは、なぜ相手を綺麗に投げることができたのでしょうか、なぜ試合で勝つことができ、結果を出してこられたのでしょうか。どんな選手も強化指定を受けたばかりの頃は、たいていの場合、自分の強さの理由を客観的事実とともに証明したり、ロジカルに説明したりすることはできません。もちろん理由は必ずあるもので、そこには複数の要素が絡まっています。もともと運動能力が高かったり、練習量がずば抜けて多かったり、よき指導者との出会いがあったりとさまざまです。

強化チームは、その強さの理由と背景にあるものを解き明かし、選手自身を尊重しながら、さらに強くしていくための組織です。我々指導陣とともに戦略的な稽古とトレーニングを行い、それを実戦で試し、確認しながら成長していくことができる場です。強化選手になれば、栄養やフィジカル強化の指導も受けられます。しかも、すべて一流の専門家による指導です。強くなりたい人にとっての最高の環境があると言えます。

ですから、強化チームは一種のツールと言っていいでしょう。強化指定を受けた者はこのツールを使い、自分の目指すところへ突き進めばいいのです。

ただし、選手がもともと持っている感覚はとても大事です。感覚は一人ひとり違うものであって、唯一無二。それは、そのまま選手の個性となります。どんなに科学が発展しても、その感覚を他者が人工的に作ることはできません。感覚こそ、選手それぞれの最大の強みなのです。

けれども、世界の頂点に立つまでには、感覚だけでは乗り越えられない壁に必ずぶち当たります。そのときに必要なのが、思考ということになるでしょう。考える力です。指導者や周りの意見、試合分析、トレーニング、そして稽古。さまざまな情報を自分の中に取り込み、不要なものは捨て、実戦を繰り返しながら自分が強くなる道を探るのです。そうした考える力のある選手が壁を乗り越えていきます。

ですから、いかに個々の感覚を大切にし、洗練させせながら成長につなげ、世界で闘える選手にするか、それが強化チームの仕事だと言えます。

選手層を厚くすることも、強い日本を作るための必須事項だと捉えてきました。理想は、すべての階級で、いつ世界に出ても頂点に立てる人材が2枚、3枚といること。誰が出てもいつも強い、そんなチームを作っていきたいと考えていました。もちろん、それは簡単なことではありません。しかしながら、そこを目指していかなければ、一人が崩れるとあとが続かない、常に不安と隣り合わせの将来性の見えないチームとなってしまいます。

そのためにも、選手にとって活動しやすい環境作りとして、強化の考え方や代表選考基準を明確にすることが重要だと考えてきました。

結果を出せば、その分だけ強化も手厚くなりますが、そうでなければ、自ずと国際大会出場の優先順位が下がっていきます。そのことを、選手たちに直接伝えるようにしていました。自分自身の成績を代表選考基準と照らし合わせ、代表になれるチャンスはあるのか、その可能性はどの程度なのかを見極めながら、日々の練習に取り組んでほしいと思っていたからです。

女子チームとの連携

東京オリンピックに向けては、男子チームと女子チームで連携をとりながら強化活動を進めていきました。

金野強化委員長を中心に、3人の副委員長と増地女子監督とは頻繁に幹部会議を行いました。また、金野委員長と増地監督と私とで月に2、3回はミーティングを行っていたほか、毎日のようにLINEで連絡をとり合っていました。基本的に男子と女子の活動は別ですが、情報を共有しておいた方がスムーズに進むことが多いので、こまめに意見交換をして、お互いに相談できる体制になっていました。

コロナ禍になってからはこの連携がさらに重要になりました。感染対策のガイドラインを策定している全柔連医科学委員会との話し合いや大会派遣などは、男女で協力して進める必要があったからです。平時から続けてきた情報共有が、コロナ禍という非常事態で生かされたと言っていいかもしれません。

こうしてともに準備を進めた日本女子代表は、東京オリンピックでは4階級で金メダルを獲得するという素晴らしい結果を残しました。一言で言って、増地監督率いる日本女子は隙のないチームだったと思います。柔道の質が高度化・複雑化する現在、全階級でメダルを狙えるチームを作るのは容易なことではありません。監督はもちろん、渡辺強化副委員長、コーチ、スタッフの皆さんが、選手の個性を生かし、底力のあるチームを作られた証だと言えると思います。

言葉の選び方

言葉のチョイスは選手強化の現場ではとても大切です。私も試合直前に選手にかける言葉は、短く一言と決めてきました。いざこれから勝負という人間に、あれこれ長々と話しても届きません。ですから、本当に大事だと思う言葉だけをスパッと伝えるようにしていました。

また、メディアからの取材では、私自身のモットーを尋ねられることも多く、そういうときにもやはり、完結でわかりやすい言葉がよいと思い、次のように答えていました。

「熱意」「誠意」「創意」


「熱意」は目標に向かって取り組む情熱のこと。

「誠意」はたくさんの人の力を結集し、組織を動かしていくために必要なもの。

「創意」は革新性を忘れず、イノベーションを起こすもの。

これは『プロの条件』(致知出版社)という本の中で出会った言葉です。監督としても、一人の人間としても、私の考えに合致していることから使わせてもらうようになりました。

一方、説明しすぎないこと、わかりやすすぎないこともまた重要であると考えてきました。どんなことも、わかりやすさを求めすぎると、想像する楽しみを奪い、思考能力を低下させてしまうと思うのです。

ですから、あえてはっきりと言わず、抽象的な表現を使う場合もありました。選手からすると、この人はいったい何が言いたいんだろうか、何を言っているんだろうか、と思ったこともあるでしょうが、実はそれが狙いだったこともあるのです。

本や映画も、事細かにすべてを説明されるとつまらないものです。こちらが想像する隙間や自分なりの解釈の余地がないものには惹かれません。

例えば、我が家の子どもたちはスタジオジブリ作品が大好きで、コロナ禍では私も家にいる時間が多かったので、よく一緒に見ていました。ジブリ作品はやっぱり、面白いです。では何が面白いのでしょうか。アニメーションの素晴らしさはもちろんですが、作品そのものに明快な答えがないからだと私は思います。一つひとつのシーンや台詞にはどういう意味があるのか、この映画は何を表現しようとしているのかなどについては、見た人によって受け取る印象が異なると思いますし、実際、我が家の子どもたちの感想もそれぞれ違っていました。そうした想像する余地があるところや、はっきりした答えがないところが魅力であり、それが世界中の人々を惹きつけるのだと思います。

また、すべてをわかりやすくしてしまうと、人間は努力をしなくなってしまうのではないでしょうか。何かわからないことがあるとき、自分で調べたり、悩んだり苦しんだりして、自分なりの答えを見つけていくことが、その人自身を作り、個性になるのだと思います。効率よく進めるところは進めますが、効率だけを求めると手に入らないものもあるのです。遠回りも大切だということです。

私は15歳で故郷の宮崎県を離れ、神奈川県にある東海大相模高校に入学しました。このときから恩師・佐藤宣践先生（東海大柔道部主席師範）の薫陶を受けることになるのですが、佐藤先生は、選手の主体性を重視し、常に選手自身に考えさせる指導をされる方で、私はこれに大きな影響を受けました。与えすぎない指導は、佐藤先生の教えを受けながら私自身の中で熟成された考え方の一つと言えるかもしれません。

毎年のテーマを決める

2012年に全日本男子柔道強化チームの監督になってから私は毎年、自分自身のテーマを決め、年明け最初の強化合宿の際などに話をさせていただきました。それぞれの年に選んだ言葉についていて振り返ってみたいと思います。

2017年　「挑戦」

監督として2期目を迎えた私は、東京オリンピックでの全階級金メダル獲得の目標を実現するため、これまで以上に貪欲に、競争心を持って「挑戦」する姿勢が重要だと考えました。この大きな目標を成し遂げるためには、私自身が監督としてスキルアップすることが必要です。時間の許す限り、さまざまな分野の人に会って、視野を広げていきたい、「挑戦」の一年にしたいと考えました。

2018年　「挑戦」と「堅実」

「挑戦」に「堅実」をプラスした年でした。「挑戦」という前年と同じ言葉を選んだのは、冒険心を持って挑戦し続けていきたい、前年を乗り越えていきたいという思いからです。しかしながら、ここに「堅実」という言葉を加えたのは、攻めの姿勢で果敢に挑む気持ちを持ちながらも、地道に積み重ねていきたいという思いがあったからでした。

今、振り返ってみるとこの言葉は当時の私の状態をよく表していると思います。2018年はどこかすっきりしないモヤモヤしたものを抱えていた年だったからです。当時は東京オリンピック開幕までいよいよあと2年というタイミング。スポーツを取り巻く環境が大きく変化し、人々のスポーツへの関心や期待度が高まり始めていました。しかし実際の強化現場としては、オリンピックへの臨戦態勢に入るにはまだ早いタイミングで、周囲の関心とのギャップに若干の戸惑いを感じていたような気がします。また、前年の8月にJOC選手強化常任委員会の常任理事に就任するなど、私自身に求められる役割が変わりつつあり、どこか気持ち的に落ち着かないところがあったのかもしれません。

2019年　「原点回帰」

モヤモヤを抱えていた2018年を終え、新しい年を迎えたとき、新たな覚悟が決まりました。

2019年は東京オリンピック代表選考の最終段階へ一気に進み、早期内定制度によって早ければ11月には内定を出すこととなる大切な一年です（結果として男子はなし）。私は今こそ自分の足元を見つめ直し、原点に戻るときだと考え、「原点回帰」としました。2012年に監督に就任したときの自分を今一度思い返そう、ロンドンオリンピックの惨敗から日本柔道の再建へ向け、人生をかける覚悟を決めたあのときの気持ちを思い出そうと考えました。

2020年 「攻め」

監督として8年目、集大成の年を迎えるにあたってのテーマは「攻め」にしました。東京オリンピックへ向け、すべてをかけてきた選手たちが大輪の花を咲かせることができるよう、7月25日の柔道競技開始から8月1日の最終日まで「攻め」の気持ちを忘れずに邁進する覚悟でした。

2021年 「感謝」と「新」

新型コロナウイルス感染拡大という未曾有の事態により、2021年も監督を務めることとなった私は、もう一度やってきた監督最後の一年のテーマをこの二つにしました。

オリンピックの開催延期により、それまで当たり前だと思っていたことが当たり前でなかったことに気づかされました。すべては当たり前でないことを忘れず、スポーツができること、そして日常生活を送ることができることへの「感謝」の気持ちを大切にしたい、という思いを込め、「感謝」にしました。

「新」は、ウィズコロナの新しい時代に、新しい発想のもとでさまざまなことに取り組んでいきたい、という思いを込めたテーマです。これから遭遇するであろう、これまでとはまったく違う流れにひるむことなく、新しいことに対して常に前向きに、新鮮な気持ちを持って取り組んでいきたいという思いもありました。

第5章　海外での経験

単独武者修行

私が監督に就任してから、選手がたった一人で海外遠征を行う「海外単独武者修行」を実施し始めました。トップ選手の多くはジュニア時代から海外遠征を経験していますが、いつも団体行動です。そこで強化選手たちには、言語も習慣も違う異国の地で、一人で練習に参加する単独遠征を経験してほしいと考えたのです。私自身、選手引退後に英国に2年間留学した経験から、留学とは言わないまでも、異国の地でたった一人で練習する経験は必ずや選手を成長させるはずだと考えました。

リオオリンピックに向けては、2013年に100kg級の羽賀龍之介をモンゴルへ、2014年に66kg級の海老沼匡をフランスへ、それぞれ単独で送り込みました。二人はその後、リオオリンピックで銅メダルを獲得しています。

東京オリンピックに向けては、まずは2017年1月に81kg級の永瀬貴規が単身で渡欧しました。2018年1月には66kg級の阿部一二三が、やはり、ヨーロッパで単独武者修行を行いました。阿部はドイツ、オーストリアでナショナルチームやクラブチームのトレーニングに参加したのですが、帰国後の報告で彼が開口一番に言ったのは、「先生、全部一人でやらなければいけないので大変でした」。この言葉を聞いたとき、私は彼の遠征の目的はほとんど達成されたと確信しました。

「単独武者修行」を行う際、全柔連が面倒を見るのは、往復の航空チケットと宿泊先の手配、受け入れ先への打診まで。現地での具体的な練習スケジュールの調整や交渉などは、すべて選手が自分でやらなければなりません。普段はすべて手配してもらう立場にいる人間が、何もかも一人でやることになるのですから、この経験から得るもの、学ぶものの多さは計り知れません。

柔道は個人競技ですが、世界で結果を出すためには、たくさんの人に協力していただかなければなりません。それは強くなればなるほど、必要になります。ところが選手というものは結果を出していくと、それを忘れ、自分の力だけで強くなったと思い込んだり、柔道以外の場面でも、自分は誰よりも優れていると勘違いしたりしてしまうことがあります。一人で海外を回ることで、人は一人では生きられないこと、私たちは誰かのサポートがあって初めて試合ができ、結果を出せること、そうした点に思いを巡らせてほしいとも考えていました。

ですから、武者修行から戻った選手に私はいつもこんなことを伝えていました。

「現地ではたくさんの人がサポートしてくれたと思う。これはすごいことだし、人の温かさを感じたはずだ。それを感じることができたなら、次は自分自身が来日した人を手厚くもてなすこと。そうした国際交流はスポーツの持つ素晴らしい一面だし、スポーツの力だと思う」

スポーツには、文化、言語、人種などの違いを超えて、国と国、人と人をつなぐ力があると思います。単独での海外遠征を通じ、選手たちにはそんなことを感じてほしいとも思っていました。

高藤直寿が作った新しい常識

国際大会に行くと、たった一人で参加している外国人選手をよく見かけます。オリンピックや世界選手権で上位に入るようなレベルの選手が、スポーツバッグに柔道衣を詰め込み、一人でやって来て、受け付けを済ませ、試合に出て、そして帰っていきます。そういった姿を見るたび、なんとたくましいのだろうと感心します。と同時に危機感を覚えます。一人の人間としてここまで自立し、行動できる力がなければ、世界で結果を出していくことなどできないのではないかと。

60kg級の高藤直寿には以前からこんな希望がありました。

「66kg級でＩＪＦツアー大会に出てみたい」

減量が少ないので身体への負担が少なく、また、相手はパワーで自分よりも勝ります。そんな一つ上の階級に出ることで強化を図りたいと言うのです。しかも、大会には「一人で行きたい」と言います。一人で試合会場へ行き、ウォーミングアップの相手を見つけ、コーチボックスに誰も座らず、たった一人で試合をしてみたいと。常に人の想像の先を行く展開を考える、高藤らしい自由で柔軟な発想だと言えるでしょう。

リオオリンピックで銅メダルに終わり、東京オリンピックでは何がなんでも金メダルを取りたいと考えていた髙藤にとって、リオまでとは違うプロセスを踏むことは大切であると私も考え、ぜひ実現させてやりたいと思いました。階級が一つ上になるのでケガをするリスクはあるかもしれませんが、減量なしで臨むことを考えれば、それほどの負担ではないと判断しました。

そこで、2017年の世界選手権とグランドスラム東京で優勝し、翌年の世界選手権代表に早期内定して時間に余裕ができたことから、このプランを実行に移すこととしました。出場したのは、2018年3月3、4日に行われたヨーロッパオープン・プラハ。希望通り、一人で現地へ行って、一人で試合に出て、そして見事優勝して帰ってきました。

当然ですが、会場での出場登録受け付けに始まり、何から何まですべて一人きりでやり遂げてきたのです。試合前練習の相手も、当日練習会場で声をかけて見つけたということでした。全日本強化チームの60kg級担当の古根川実コーチは視察のため会場には行きましたが、まったくの別行動で観客席から試合を見ていただけだそうです（もちろん別々に帰国しました）。

髙藤はこの国際大会から約2カ月後の4月29日、世界選手権優勝者に与えられる特別枠により、体重無差別で争われる全日本柔道選手権にも出場しました。全日本選手権は柔道家にとって憧れの大会です。主に90kg以上の選手が大勢参加する無差別のこの大会に60kg級の選手が出場したのは大会史上初めてとのことで、ともに出場した73kg級の橋本壮市ともども、大会をおおいに沸かせることとなりました。

戦略的な稽古

毎年6月下旬から7月上旬にかけて、ヨーロッパ柔道連盟主催による国際合宿が地中海沿岸のスペインの美しい港町で開催されます。例年、約40~50の国と地域から男女約600~700人の選手が集結し、巨大なテントのような建屋に設置された半屋外の道場で行われます。

男子だけでも世界中から500人以上は集まってくるので、いろいろなタイプの選手と組み合うことができるのが最大の魅力です。私も選手時代、この時期の国際合宿には何度も参加しました。国際合宿はライバルに情報を渡してしまうリスクと隣り合わせでもありますが、それ以上に得るものが大きいのです。ただ、その分、やるべきこと、チームとしての参加目的を明確にしておく必要があります。

そこで、ここでは2019年の合宿の際に出した選手への指示についてご紹介します。この年、日本が合宿に参加したのは5日間。参加者は、この年の8月25日から東京で開催される世界選手権の代表選手たちでした。4月の代表決定から6月いっぱいまでの約3カ月間は、地力アップをテーマにある程度の量（時間）をこなす稽古を行い、7月からは細かい戦術や技術を詰めていく段階に入るという計画。国際合宿はそうしたタイミングでの参加でした。

技術の確認

柔道は対人競技であり、相手があって初めて自分の技も技術も成立する。そのため自己完結だけは絶対に避けなければいけない。したがって、練習してきた技術や戦術を実際に使ってみて、どこまで使えそうなのか、課題は何かを確認すること。ライバルのスカウティング対策としてすべてを試す必要はないが、試合で使う場合のヒントになるようなきっかけを必ずつかむこと。

苦手な相手と稽古する

自分より強い人、試合や練習をしたことのない人と乱取をすること。試合が迫ってくると、どうしてもやりやすい相手とばかり乱取をしてしまうことがある。しかし、それでは対応力の向上が見込めず、柔道の幅が広がらない。また、世界ランク下位の選手とも組んでみること。ランクが下でも決して侮ってはいけない。自分の技がどこまで通用するのかだけでなく、どんな技をかけてくるのか、どんなタイプなのかを確認すること。緊張感を持ちながら稽古を行い、試合の緊張感に近い状態を作り出すこと。

練習ごとにテーマを変える

毎回の乱取では同じことをしないこと。強い人、勝てない人とやる日、比較的得意な相手とやる日、組んだことのない相手とやる日……といったように、時間帯や日によってテーマを変えること。視野を広く持ち、どんな相手にも対応できる力を身につけること。

選手たちは、以上のことに最低限注意しながら稽古を行いました。あとは何をどのようにやるかは個人の自由です。乱取はやらずに、トレーニングだけという日があってもＯＫ。そこは選手の裁量です。

稽古をしなくてもよいとする設定があると言うと、驚かれる方もいるのですが、全日本強化チームは強くなって勝ちたい人間の集まりです。自分が何をやり、どういうペースを選択するかはそれぞれ違いますし、それを選ぶ力がなければ世界で勝負する人間にはなれません。わざわざ海外まで行ってサボるような人間はいませんし、万が一、サボるのであればそれまでのこと。もちろん、選手の様子を見て助言をすることはありますが、練習については大枠を決め、あとは選手本人に任せていました。

回復の重要性

リオオリンピックのあと、さまざまな観点から強化指導を実施してきました。柔道の技術や戦術はもちろん、トレーニングや栄養、戦略……と多角的に強化を図ってきました。東京オリンピックに向けては、コンディショニングについてより一層の力を注ぎ、回復（リカバリー）についても選手個々に応じたきめ細かい対策を講じてきました。

ここで言う回復とは、大会や練習のあと、試合と試合との間に、心身をもとの状態に戻すということを指します。

例えばグランドスラムやグランプリなどＩＪＦ主催のワールドツアー大会の場合。試合と試合の間は10分間空けることになっていますが、大会によって出場人数や開催方式が異なるため、試合間隔は一定ではありません。勝ち上がるにつれて試合数が少なくなるため、準々決勝までの予選ラウンドでは早くて11分で回ってくることもあり得ます。

そこで、選手には、短時間であっても長時間であっても、そのときに応じて体力・気力を回復させ、次の試合に備えられるコンディショニングが必要になります。柔道の場合、陸上や競泳、サッカーなどある程度時間の読める競技と異なり、試合がいつ終わるかわからないので、待ち時間は常にバラバラ。ですから、それを見越して栄養摂取やマッサージなどをしていく必要があります。

また、回復の重要性は試合に限ったことではありません。日々、質の高い練習を継続して行うための日常的なリカバリーもとても重要です。

そのためには、高い負荷をかけた内容で一週間、一カ月、一年……と継続して行っていける練習メニューの作成が大切になってきます。日々、元気に取り組める強度の練習を組み、毎日の練習後はしっかり栄養をとり、そして睡眠時間を確保するところまで考慮した強化計画を立てていきます。

身体も心もともに疲弊した状態から回復するためには、相応の休養が必要になります。疲労というものは気がつかないうちに蓄積していきます。体力的な面はもちろん、心の面についてはなおさらです。我々の目標は4年に一度のオリンピック。選手たちが4年をかけてじっくり、確実に成長するために、回復を選手強化・育成の大事なポイントとして捉え、「詰め込みすぎない」強化を心がけていました。

コロナ禍のホスピタリティー

国際合宿は、主催国のホスピタリティーに触れられる機会でもあります。2021年5月に開催されたロシア・カザン合宿もそうでした。

この時期の合宿は、コロナ禍真っ最中にもかかわらず、アゼルバイジャン、ブラジルなど10カ国から約100人ほどが集まっていました。もちろん、感染防止のための参加条件は非常に厳格で、自国出国時とロシア入国後における複数のPCR検査がすべて陰性であることと、ロシア入国後3日間の隔離が義務づけられていました。

合宿会場は外部から隔絶されたいわゆる〝バブル〟。2013年に開催されたユニバーシアードの選手村がそのまま利用され、広い敷地内に練習会場、宿泊所、レストラン、トレーニング場が備わっていました。日本からは大野将平のみが参加し、とてもよい稽古ができたのですが（大野の稽古の様子については後述します）、練習に至るまでの準備や手続きが非常に煩雑で、これまでの国際合宿とはその点でまったく違ったものになっていました。

例えば、PCR検査。コロナ禍でのこうした合宿や国際大会参加の際には陰性証明書が必須なのですが、それの発行や確認がとても複雑で、はっきり言ってとにかくいろいろと面倒なのです。

これは、国によって証明書の発行形態が違ったり、期日の書き方一つとっても考え方が異なったりするからですが、どんなに先方の条件に合わせて準備をしても、必ずなんらかのトラブルが発生します。しかし、これはある意味当然のこと。世界中がまだ混乱の中にあり、ＰＣＲ検査や陰性証明の取り扱いに不慣れだったわけですから、我々としてもそれは折り込み済みで参加していました。

それでも、私も人間ですから、手続きが一向に進む気配がなかったり、同じことを何度も繰り返したりしていると、それなりにイライラしてきます。ところが、ロシアの皆さんは、たとえ面倒なことが続いたとしても嫌な顔一つせず、実に献身的に対応してくださるのです。しかも、常に我々日本チームを気にかけ、姿を見かけては、「大丈夫か？　問題はないか？　何かあったら言ってくれよ」と声をかけ、サポートしてくださいました。合宿を安全に行うだけでも大変なのに、温かい笑顔で接してくださる皆さんの姿には頭の下がる思いがしましたし、同じ柔道家として、そのホスピタリティーに感謝の気持ちしかありませんでした。

このとき私が思ったのは、我々がこのような心温まるサポートを受けることができるのは、両国がこれまで築いてきた信頼関係があったからこそではないか、ということでした。もしも日本人がこれまでロシアの人々に対し、ずさんな対応をしたり、失礼な態度をとっていたりしたら、我々がこれほどまでに手厚い対応を受けることはなかっただろうと思います。我々は先人たちが互いに敬意を払い、友情を育んできたことの恩恵を受けたのです。

コロナ禍の中での合宿を通して私は、スポーツにはやはり、違いを超える力があることを実感しました。国境、国籍、宗教、言語の違いを超え、友情を育むものなのです。この合宿を通じて私は両国の間にある友情と信頼を受け継ぎ、次世代につないでいかなければいけないと強く思いました。

右が石井氏、パソコン画面内が岡田氏

特別鼎談02

石井孝法×岡田隆×井上康生

世界で勝つための戦略と準備

データと筋肉の意識改革

日本柔道の頭脳と身体

井上　まず最初に、私からお二人を簡単にご紹介いたします。石井先生は一言で言って全日本チームの「頭脳」です。全柔連強化委員会科学研究部（以下、科研）の男女サポート長として、情報分析システム「Ｄ21－ＪＵＤＯ」（通称ゴジラ、Gold Judo Ippon Revolution Accordance：GOJIRA）の開発デザインを中心となって進めただけでなく、データサイエンス、テクノロジーを駆使して、選手強化に多大なるご尽力をいただきました。石井先生のすごさは、システムを一から作り上げたことだけでなく、それを非常に使いやすいものとして、現場で活用させるところまで持っていったことです。こうしたことは、多くの競技がやりたいと思っていることだと思いますが、国内はもとより、世界的に見てもなかなかそこまで到達できていないのが現状だと思います。それを日本柔道が実現できていることは高く評価されるべきであると思っています。

岡田先生はずばり日本柔道の「身体」です。私が２０１２年に監督になった当初、まず重要な改革事項として挙げたのが、海外勢のパワーに対抗するためのフィジカル面の強化・向上でした。これを先頭に立って進めてくださったのが岡田先生です。選手の意識改革を推し進め、リオオリンピックを迎える頃には、日本人が海外勢にパワー負けすることがほぼなくなり、今では選手たちは当然のように質の高いウエイトトレーニングや、そのほかの必要なトレーニングを行うまでになりました。これについてはリオオリンピックまでであれば守田誠さん、東京オリンピックに向けては小野祐希さん、猪俣弘史さんといったトレーナーの皆さんの力もありましたし、栄養部門においては上村香久子さんの力も絶大だったと思います。岡田先生はその中心として動いてくれました。もう一点、岡田先生には総務担当コーチという顔もありました。全日本強化チームの細かい事務的なことを一手に引き受け、円滑な活動を支えてくださいました。私の気持ちを察し、さまざまなところで動いてくださった部分もあったので、身体同様、心の面でも先生の存在は絶大でした……こんなところでいいですか（笑）？

岡田　モリモリに盛っていただき、ありがとうございます（笑）。

石井　ありがとうございます。

井上　では、さっそく話を進めたいと思います。まずは石井先生。東京オリンピックまでの道のりを振り返ってみて、どのような思いを持たれていますか？

石井　僕は科研部員となって16年になるのですが、大変だったなというのが正直な思いです。日本柔道は世界一を目指しているチームじゃないですか。だから関わる人が多いですし、組織と組織が連携しないといけないので、身動きがとれないことが多々ありました。情報分析のシステムを作ったり、運用したりするにあたっては、そこを調整するのがまず大変でした。関係するたくさんの人たちとどう対話して、こちらのやりたいことをやれるようにしていくか。それが一番大変だったかもしれないですね。

井上　いろいろと我慢してもらいながら、全部調整してくださったと思います。本当にありがとうございました。

岡田　私の9年間はあっという間でした。２０１２年11月、講道館杯のスタンドで初めて井上先生とコーチの皆さんに会った日のことを、昨日のことのように思い出します。先ほど井上先生はあんなふうに言ってくださいましたけど、僕がやった仕事は大したことありません。最初の頃はみんなに筋肉を好きになってもらうのが一番大事な仕事でした。でも、選手たちはみんな世界一を狙っている、世界一意識の高い人たちなので、どうやったら筋肉がついて、どうやったら力がつくのかということを伝えていったら、すぐに理解して、自分でやるようになっていきました。リオオリンピックまでは筋トレとか筋肉の話をする機会も多かったのですが、東京オリンピックに向けては、もうそういうことをする必要がなかったですね。最後の方の私は、みんなの筋肉を褒めるだけでした（笑）。

井上・石井　（笑）。

岡田　本当に、最後の方は筋肉を褒めるおじさんになることだけで（笑）。テンションを上げていく、みたいな。だから、トレーニングをしてもらうとか、理解してもらうという意味では非常に楽な集団でした。

「D21－JUDO／通称ゴジラ」誕生

井上　私の選手時代も海外の選手を分析するサポート体制はあったんですよ。ＤＶＤに試合映像を録画したものを配布してくれたりして、私は結構使っていた方だと思います。

石井　２０００年代にはすでに科研ではライバル選手の情報をまとめたデータ

ベースを作っていました。「海柔（かいじゅう）カード」という名前でネーミングはすごくわかりやすくてよかったのですが、仕組みが早すぎたと言うか、ウェブ上で見ることはできたのですが、まだスマートフォンもなかった時代だったので、現場で活用するところまでいきませんでした。でも、この発想と経験をベースに、2015年、筑波大との共同事業で試合映像分析システム「D21－JUDO」ができました。これはシステムを作ったというよりデザインしたと言った方が近いのですが、きっかけになったのは、金メダルがゼロに終わった2012年ロンドンオリンピックです。僕は問題解決型の人間なので、このときに出た問題を解決するための何かがしたい、と考えました。そこで井上監督体制になったときに、一度話をさせてくださいと。それでプレゼンさせてもらったら、皆さんから「面白い、いいじゃん」という反応が返ってきました。そこがスタートです。できると言っちゃったから、やるしかないなと。

井上　石井先生のプレゼンはよく覚えています。話を聞いて、この発想を現場に生かせたら、ものすごく大きな力になると思いました。ただ、システムはできても選手や指導者が理解して活用するところまで持っていくのが大仕事だったんですよね。柔道界って、己の肉体一つでのし上がってきた人たちばかりなので、いわば、他人から差し出されたデータをもとに細部を突き詰めることの重要性と必要性を理解してもらうのが大変なんです。でも、石井先生はこのシステムを現場が使いやすい非常にシンプルな作りにしてくれた。だから、選手やコーチたちが自ずと求めていくような形になり、「ゴジラ」があることが当たり前になっていきました。

石井　2、3年前に講道館の練習会に行ったとき、何人かの選手が僕のところに来て「あの試合を見たんですけど、どう思いますか?」と聞いてきたんです。そのとき、僕の仕事はもう終わったな、と思ったんですよ。選手が自ら情報を集め、自分たちの見方で「ここはこうだと思います」というふうに自分の考えや分析を言い合うということが、当たり前になったんです。

井上　情報はすべてウェブ上で管理され、いつでもどこでも見たい映像を見られます。所属の先生とも連携できるという面でもとてもよかったです。さらには、JISSnx（※国立スポーツ科学センター利用競技団体向けシステム）ともちゃんとリンクさせてある。すごいシステムを構築していただきました。

※国立スポーツ科学センター（JISS）内の映像データベースに登録された大会映像や練習映像の閲覧、ダウンロードを行うことができるシステム。競技団体から認められた選手や指導者のみ利用できる。

柔道日本代表が活用したクラウド型情報分析システム「D2I-JUDO」(通称ゴジラ)

全世界の選手と審判4000人、4万試合を超えるデータが蓄積されているクラウド型情報分析システム「D2I-JUDO」(通称ゴジラ)。選手と指導者が手元のパソコンやスマートフォンから専用サイトに手軽にアクセスすることができる。全柔連科学研究部の石井孝法・東京オリンピック男女サポート長が中心となって開発・デザインした。東京オリンピックに向けては、道場での稽古時に大画面ディスプレイで操作できるシステムを導入し、活用の幅が広がった。

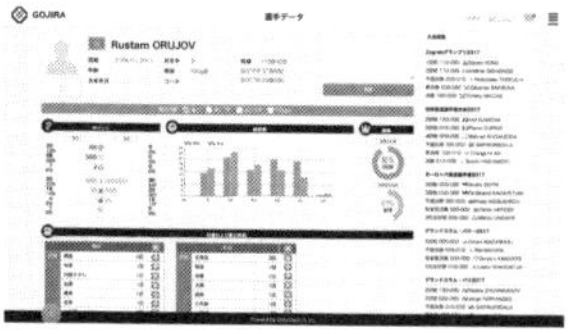

強豪選手のデータ画面。組み手、勝率、得失点の種類やその割合と時間帯、大会結果などの情報が蓄積されている

情報入力の際の基本画面。試合を見ながら情報分析チームが入力していく

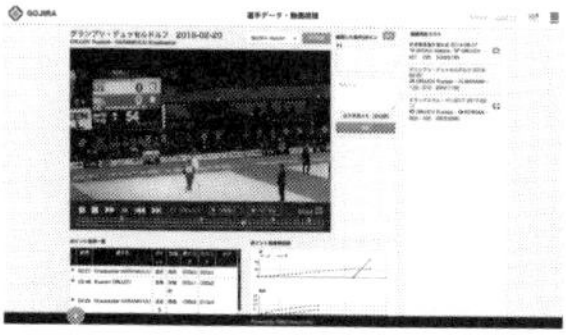

強豪選手のポイント獲得技を連続再生する操作画面

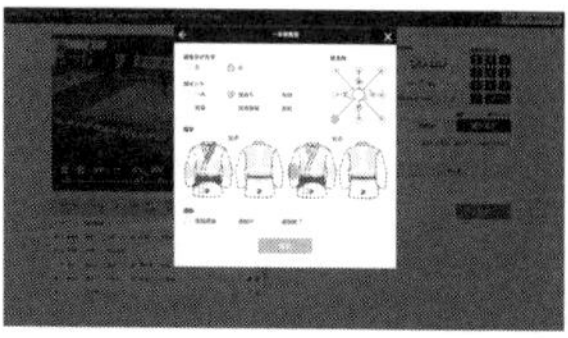
技の左右や柔道衣をつかむ位置を示した画面

(写真提供/石井孝法)

的中した「指導」の遅さ

岡田　東京オリンピックのときの科学技術館でしたっけ？　石井先生の城みたいなところ、すごかったですよね。

井上　あれは異様だった（笑）。日本武道館のすぐ隣の科学技術館を科研が借りて、試合データを逐一、試合現場に送ってくれていたんですが、その部屋に入ったら日の丸がバーンと掲げてあって、気合いの入りっぷりが尋常じゃなかったです。

石井　試合当日に僕たちがやらなければいけないのは、予測したことが本当に正しいのかを確認することです。実際どうだったのかをデータで出し、フィードバックして、次につなげていく。もう一つ、僕はスタッフを大事にしたいんです。科研は選手の「ありがとう」が直接届かないところで活動していますが、最後は会場の近くに行って、選手たちにちょっとでも接する機会があったら、モチベーションになったり、全日本に関わった実感を得られたりすると思いました。情報分析メンバーは全部で15人くらいいるので、ホテルにも別に部屋をとり、そこでも分析にあたってもらいました。

井上　東京オリンピックで科研の予想データが見事に的中したのが、「指導」の出るタイミングが遅かったことです。事前に石井先生の方から「審判の心理として技で勝負を決したいという流れになり、『指導』の出るタイミングが遅くなる可能性がある」という分析情報をもらっていたのですが、初日、蓋を開けてみるとやはり遅かったんですよね。それで日本チームとしては攻め急ぐことなく、一つひとつ大事に、じっくり勝負していこうという方向性を決めることができました。あと、石井先生の話で印象に残っているのが、「今まで相性がよかった選手と今回も相性がいいとは限らないので、もう一度、確認してください」とズバッと言われたことです。

石井　6月の世界選手権のあと、井上先生から選手に向けて話をしてもらえないか、と依頼があったときですよね。僕自身は世界選手権がオリンピックの試金石のようになるんじゃないかと見ていたんです。特に相性のところをよく見ていました。そうしたら、結構それまでの対戦成績がひっくり返った試合が多かったんです。それでこれまで相性がいいと思っている選手のこともう1回、見直してくださいと。そういう話をしました。

井上　これには私自身、ハッとさせられました。

岡田　石井先生は自分から言わないと思うので僕から言いますが、石井先生は「ゴジラ」だけじゃなく、選手のコンディショニングがうまくいくような、現場で使える器機の開発もしていたんです。東京オリンピックに向けては、いろいろな事情で現場で使えるところには着地しなかったのですが、選手を勝たせるために、機材を作っちゃうわけですから。選手時代に井上先生や鈴木桂治先生としのぎを削ってきた人ですから、世界一を目指すという意識の高さと情熱はやっぱり半端じゃなかったです。

石井　コンディションを評価するシステムを作ろうと思ったのは、リオオリンピックのときの問題意識から始まっています。海老沼匡選手（リオオリンピック66kg級銅メダル）は絶対に金を取らせなければいけない人でした。前年の世界選手権の準備でも、摂取する炭水化物の種類を変えて体調がよくなったりして、リオオリンピックには本当にいい状態で臨んだのに、準決勝で腹筋がつるという事態に見舞われてしまった。こういうことをなくすために、何か開発できるものはないかと考えたんです。

岡田　ほかにも何件くらい開発していましたっけ？

石井　6件くらいはありました。

岡田　こういうチャレンジをしていたというのは、もっと注目してもらいたいところですよね。柔道はお家芸だから強いでしょ、みたいな感じで終わってしまったら次につながらないので。こういう努力が結構あったんだよと。そういう屍の中で、「ゴジラ」は生き残っていったわけですよ。

石井　コンディション評価のシステムについては、最終的には僕が自腹で、あるシステムを買ってプログラムを作り直して、選手が毎日乗る体組成計からデータをとる仕組みを作りました。数名の代表選手は使っていたのですが、活用できたかと言うと、そこまではいけなかったですね。

意識改革なくして前進なし

井上　お二人の話でもやはりそうですが、どんなことも意識改革なくして前進はないんですよね。選手が実際にそれをやってみようというところまで持っていかなければいけない。

岡田　本当に意識が重要ですよね。だから、筋トレをしなきゃいけないという意識をつけてもらうため、それに必要な知識を提供していきました。ただ、全日本はそれがめちゃくちゃ刺さる人たちなので。

石井　岡田先生は相手に刺さるように話をするのがうまいんです。

岡田　私自身もそこに目をつけて、ユーチューバーに転身している部分がありますよ（笑）。でも本当に刺さりますよ、全日本のメンバーは。強くなりたくてしょうがない人たちですから。あんなに強くなりたいって渇望している人たちはいません。

井上　岡田先生は「筋肉」を入口にして、いろいろな分野の知識を植えつけてくれましたよ。トレーニング方法はもちろんですし、あとは食事です。より具体的に、マニアニックな攻め方をしていましたが、世界のトップを狙っている連中なので、マニアックなことが好きなんですよ。岡田先生はボディビルダーとして実践しているので、説得力もありました。みんなが「岡田先生、どうですか？」と、どんどん踏み込んでいきましたよね。

岡田　しまいには、「どうやったらそんなに日焼けサロンで色が入るんですか？」とか（笑）。

井上　いい色の人間が増えましたよ（笑）。

岡田　だから、僕も楽しくやっていました。みんな強くなりたくてしょうがないですし、僕も筋肉をつけたくてしょうがない。そういうノリだったからよかったのかもしれないですね。あと10歳年をとっていたら、もっと知識があったかもしれないですけど、選手の心には刺せなかったかもしれません。僕も競技としてやっていたから、同じ目線だったのがよかったのかもしれないですし。

石井　岡田先生のすごいところは、コーチ陣も変えたことなんですよ。コーチ陣もみんなトレーニングをやり始めて、鶏のササミばっかり食べるようになった。これはめちゃくちゃ大きかったですよ。チームとして変わりました。

岡田　そういう意味では、井上先生の身体が一番変わりましたよね。監督が同じ空間でトレーニングをやっていると、みんな見ますからね。

井上　私は見た目重視の不純な動機も入っていたけど（笑）。

岡田　でも、トップがやるというのはすごくいい刺激だったと思います。ほかに大切にしたのは、イメージを持ってもらうということです。国際大会に行ったら外国人選手が着替えているところを撮影して選手に見せまくりました。それで、「こりゃやべーな」と逆にその筋肉を褒めちゃう。そういう感じでイメージまでつなげることは意識しましたね。実際に見ると、やっぱりすごいでしょって。百聞は一見にしかずじゃないですか。

やることがない状態が理想

岡田　もちろん、理想は柔道の稽古だけやって、それでオリンピックで優勝できたら、そんな最高なことはないわけですよ。でも稽古だけでは力がつかないなら、ほかの方法でつけるしかないよね、という話で。それとみんながみんな、筋トレをしなきゃいけないというわけじゃないんです。足りないのであれば、プラスアルファしていくしかないよね、という話なんです。でも、プラスアルファが増えすぎると、選手はやることが多くて大変になるんですよ。走って、柔道で寝技も立ち技もやって、研究もやって、ビデオ分析もして、筋トレもして、とやっていたら時間が足りない。

だから、僕が考えていたのは、本当に意味のあることをやってもらうということです。要は、時間の管理ですよね。ベネフィットがわからないものに大切な時間を投下させちゃいけない。効果が出るかわからないものに時間を使うくらいなら、寝てほしいと思ったんです。現場で指導にあたった守田さん、小野さん、猪俣さん、女子の福島（旧姓池田）未里さんもそうですけど、皆さん、効果が確実にわかっているトレーニングを中心に指導する方たちで、だからこそお願いしていましたし、僕自身もそういう思いで指導にあたっていたつもりです。だから選手には「よく寝なさい」と言っていました。「どんなプロテインを飲んだらいいですか？」とか、「どんなトレーニングをしたらいいですか？」と聞いてくるから、とにかく「寝なさい」と言っていました。

井上　代表になりたてだったりすると、最初のうちは、みんながやっていたら自分もやらなきゃいけないと思うんですよね。

岡田　そうなんですよ。僕なんて、なんでも筋トレで解決しそうなキャラですからね（笑）。それが、筋トレをやめろとか、プロテインを飲むなとか言うわけですから。まさにユーチューブの煽りです（笑）。でも本当に、やりすぎたらどんどん筋肉がついてしまう。どんどんのめり込んで努力ができる＋才能あふれる人たちなので、そこは本当に危ないんですよ。

井上　足が太い選手には「もうそれ以上やらなくていいよ」とか、逆に「足だけをやれ、上半身はそれ以上つけるな、そうしないと減量がきつくなるぞ」とか、具体的な形で指導を受けたことが選手にとっては本当に大きかったと思います。しかも、面白おかしく指導する。選手たちからも「岡田先生、ちょっとデカくなりすぎじゃないですか？」と、いつもイジられていましたね（笑）。

岡田　やっぱり初めのうちは、僕もわからないことが多くて緊張していましたが、世界選手権に行くたびにわかってきて。だから、最初にああいう指導をしなくてもよかったのかなと振り返れば反省点もありますが、だんだんといろいろなことがマッチしていって、最後にやることがなくなったというのは、トレーニング指導者としては理想ですよね。

石井　僕もまったく同じです。よく取材で「どういうサポートを目指しているのですか？」と聞かれるので、「最終的に支援がなくなるように支援すること」と答えているんです。

井上　本当に選手は自分たちでやっていましたよね。コロナ禍での選手たちを振り返ってみても、私たちは焦らなくていいという感じでした。

筋肉は国境を越える

岡田　選手たちは絞りの技術も半端じゃないですよ。筋肉というのは身体を動かすエンジンなので、自分の階級に対してめいっぱい筋肉をつけてエンジンを最大限に大きくする。でも、その分だけ体脂肪という積み荷を下ろさないといけない。つまり筋肉をつけていく技術と同時に、体脂肪を落としていく技術、つまり絞ることが必要なんです。選手たちはこの両方の要素を満たして、自分の体重の階級いっぱいまで筋肉を積んで、限界まで体脂肪を落とす技術を身につけました。それが、いわゆる「仕上がった」ということです。

井上　話を聞いているだけで仕上げたくなってくる（笑）。

石井　岡田先生は共通言語を作るのがうまいんです。

井上　食事もはっきり変化しましたよ。

岡田　NTC（味の素ナショナルトレーニングセンター）の食堂で選手たちが選ぶメニューはいつも完璧でした。食堂のスタッフの方に「岡田先生が全日本についてから、ブロッコリーの消費量が多くなった」と言われました（笑）。

井上　岡田先生が食堂に「鶏肉が少ない」と言ったから、増えたということもありましたよね。

岡田　そうそう。最初はそういう話もよくしましたね。「仕上がった」ということに関連づけて話すと、初期の頃、僕は日本人の身体は81kg級が境目だと思っていたんですよ。それでリオオリンピック前に永瀬（貴規）の仕上がった身体を見て、81kg級はクリアされたと思ったんです。もちろん、永瀬がすごいのですが、81kg級までの仕上がりはＯＫな状態にきたと思ったんですよ。でも、それから上はやっぱり骨格的に難しい部分があるんです。骨が長い人、つまり背が高い人は、日本人は世界と比べると少ないじゃないですか。そういう意味で重量級の絶対数が少ないので、究極に仕上がる個体の数が少ないわけです。それはもう仕方ないことではあるので、90kg、１００kg、１００kg超級と一つひとつ階級を上げるたびに仕上げていけるよう、進んでいくしかないと思います。

井上　重量級については本当に課題です。

岡田　あとやっぱり、みんな個性がありましたね。僕は筋肉至上主義ですが、それを押しつけることはやらないようにしていました。個性を生かした柔道をするためにも、筋肉で解決しないようにしようと。

井上　筋肉至上主義（笑）。またうまいこと言いますね。でも本当に一つの柱を持ちつつ、個々の対応をされていました。あと、筋肉は国境を越えますよね。これは言っておきたい（笑）。

岡田　その通りです。僕はマイリンダ・ケルメンディ選手（コソボ代表）とは、国際大会で会うと筋肉と筋肉でコンタクトをとる間柄になりました（笑）。イリアス・イリアディス（ウズベキスタン代表監督）ともそうですね。世界中の人と筋肉で仲よくなれたら楽しいじゃないですか。平和ですよ。

とてつもない「動物園」を運営

井上　あまりに面白い話ばかりで時間が全然足りませんが、そろそろまとめに入りたいと思います。

石井　岡田先生の話を聞いていて、僕たちには「捨てる」を選べる能力があったんだなと思いました。「これ、やらなくていいよ」と。ほかの競技団体も情報分析はもちろんやっているのですが、提供される情報量が多すぎて現場が使いこなせていないという課題があるようです。でも、そもそも僕はすべてを伝えていません。7割、8割は伝える必要がないと思っています。あれもやれ、これもやれ、というほど時間はありませんから。僕はよく弁当箱に例えるのですが、おいしい弁当を作るのにも能力が必要です。詰め込みすぎず、どうやったら自分に合ったいい弁当を作れるのか。そのためにも捨てるということが大事なんです。

岡田　まとまったね。まさにその通りです。

石井　あと、僕らばかり褒められているので、最後に井上先生のすごいところを言っておきたいです。井上先生の何がすごいかって、こういう人選をして、それをコントロールできるところです。僕もそうだし、岡田先生もそうですけど、全日本に関わるような人はものすごくエネルギーがあるんですよ。こういう人たちをコントロールするのはすごく難しいことで、井上先生はとてつもない「動物園」を運営している感じだったと思います。

岡田　間違いないね。

井上　だけど、監督の仕事は結局そこだけじゃないですか。人選というか、組織の形態をしっかり構築して、方向性を見出していく。あとは「みんなでやっていきましょう！」と背中を押す。軸が定まっていて、それをしっかり見極めていれば、大体ちゃんと進みます。それから、私から最後に言っておくと、石井先生と岡田先生を紹介してくれたのは金丸コーチです。彼のおかげでお二人と出会えました。金丸先生もエネルギーがある人です。古根川先生、山元先生、鈴木先生……みんなエネルギーが高い人たちですよ。

岡田　では、僕から最後に。東京オリンピックの最終日、男女混合団体の決勝が終わって円陣を組んだとき、井上先生も選手もみんな泣いていて、実は僕も結構泣いたんですけど、それを見て、本当にすごい監督のもとでやってこられたんだな、というのを改めて感じたんです……と、ここまではいい話なんですけど、でもそれで話が全部そっちに持っていかれちゃいました。オリンピック後に誰も筋トレの話をしてくれなくなっちゃったんです（笑）。

井上　（笑）。筋トレのことは、リオオリンピックのときに注目されちゃったからね。あの頃はかなり反響があったでしょ？　残念なことに、今回は石井先生の部隊の話に反響があるんですすよ。

岡田　ちくしょー（笑）。

石井　デジタル化の先に筋肉がありますよ（笑）。

岡田　でも、万感の思いでした。本当にありがとうございました。

井上　本当にいいチームでした。こちらこそ、ありがとうございました。

（2021年9月収録）

石井孝法　いしい・たかのり

全日本柔道連盟科学研究部
東京オリンピック男女サポート長／
了徳寺大教養部教援

1980年4月3日生まれ、福岡県出身。福岡大大濠高→福岡大卒。筑波大大学院修士課程修了。了徳寺大教養部教授。全日本柔道連盟強化委員会科学研究部員。JOC選任情報科学スタッフ。2001年講道館杯、2003年全日本選抜体重別選手権100kg級3位。全世界の選手と審判4000人、4万試合を超えるデータが蓄積されたクラウド型情報分析システム「D2I-JUDO」（通称ゴジラ、Gold Judo Ippon Revolution Accordance：GOJIRA）をデザインしたことで知られる。

岡田隆　おかだ・たかし

全日本男子柔道強化チーム総務コーチ
兼体力強化部門長（2012〜2021年）／
日本体育大体育学部准教授

1980年1月6日生まれ、愛知県出身。東京都立西高→日本体育大体育学部卒。同大大学院体育科学研究科博士前期課程修了（体育科学修士）。両国リハビリテーション専門学校卒。東京大大学院総合文化研究科博士後期課程単位取得満期退学。日本ボディビル＆フィットネス連盟選手強化委員。理学療法士。スポーツトレーナー。ボディビルダー。「バズーカ岡田」の異名で多くのメディアに登場し、骨格筋評論家としても活躍する。

第6章　柔道とお金

報奨金の考え方

オリンピックの開催にあたって毎回話題に上ることの一つに、メダリストへの報奨金があります。東京オリンピックでは柔道日本代表から男女合わせて14人のメダリストが誕生しましたが、全柔連からの報奨金は出ませんでした。理由は、選手強化に関わる予算は基本的にすべて人材育成にあてているからです。

全柔連の強化選手は近年、カデ、ジュニア、シニア合わせて男子だけで150〜200人ほどになります。強化選手になると、国内の合宿だけでなく、海外遠征や国際大会に参加することとなりますが、レベルが上がるほど合宿や遠征の参加回数が増え、それだけ費用がかかります。

例えば、平時の場合のシニア強化選手の強化活動は、多いときで次のようになります。

・国際大会（海外遠征）……年間3回（1回7日間×3回＝21日間）
・国際合宿……年間1、2回（1回約10日間）
・国内合宿……全体、個別を合わせて約100日間これらの合宿や大会の参加費用は、全柔連がすべて負担することを基本方針にしています。つまり強化選手になったら、連盟関連の合宿や遠征の費用については一切心配することなく、思いきり柔道に打ち込める環境が用意されるということです。いわば、連盟として人的財産を作ることにお金を使っているのです。

例えば高校1年生のときに強化選手になり、その後もずっと強化選手として活動し、20代半ばでオリンピック金メダリストになったとして、その間の連盟関連の活動費用は一切かかりません。自己負担金は基本的にゼロということです。

では、その財源はどこかと言うと、全柔連の場合、連盟、JOC、JSC（独立行政法人日本スポーツ振興センター）の3者です。現在、JOCに加盟する競技団体の選手強化費は、その運用割合が定められており、全柔連の場合、3分の2をJOCから支給される強化費とJSCからの助成金でまかない、残りの3分の1を連盟の独自予算から拠出することとなっています。例えば一人あたり3000円かかる事業の場合、2000円分をJOCとJSC、1000円を連盟が負担するということです。

また報奨金に関して言うと、競技レベルが高い場合はメダルの数が多くなるので、一競技団体が支払える金額かどうかという現実的な問題もあります。例えば全柔連が金メダリストに1000万円出すとしたら、今回の東京オリンピックの場合、男女合わせて9人が金メダルを獲得したので、総額9000万円にもなります。さすがにこれは一競技団体がまかなえる金額ではありません。もちろん、潤沢な資金に支えられている団体であれば、それも可能かもしれませんが、少なくとも全柔連にその余裕はありません。

さらに柔道の場合は、所属先から報奨金（功労金）が支給されるケースがほとんどであるため、努力の成果はそちらで評価していただいています。柔道は伝統的に実業団としての活動が盛んであり、これはとてもありがたいこと。恵まれていると言っていいでしょう。

東京オリンピックの報奨金については、大会前に山下会長から関係各部署に連盟としてどうしていくべきかという相談があり、強化現場にも金野強化委員長を通じてお話がありました。その結果、導き出されたのが、育成にお金を使うという結論でした。ただし、今後も同様の考え方で進めていくかどうかについては、議論すべきだと思っています。

選手も学ぶ強化費の仕組み

お金に関する話はとても大切なので、我々現場で指導にあたるコーチ陣も全柔連の予算について知っておこうということで、勉強会を開いてきました。連盟の事務局の担当者にお願いして、連盟の財源に始まり、事業計画や収支予算書の読み方や作成の仕方まで、シニア、ジュニアコーチともにゼロから学ぶ機会を設けたのです。

これは私自身の経験も反映されています。私が2012年に監督に就任したとき、事業計画や予算組みをいきなりやらなければならず、とても苦労した経験があります。また、実際に予算案を作ってそれを執行し、調整する立場になってわかったのは、お金の流れを把握することは、マネジメント力の向上につながるということでした。選手強化にはお金がかかりますし、予算規模も大きいうえ、公益財団法人としての経理規定もあるので、それらを理解しておいた方がより充実した強化につなげることができます。ですから、強化に関わる人間は皆知っていた方がよいと考えました。

強化費に関する勉強会は、選手向けにも毎年開催しました。講師を全柔連の中里専務理事にお願いして、公益財団法人である全柔連がどのような組織で、我々が柔道をするための強化費がどこからきて、どのように使われているのかといったことから、スポンサーの重要性やサポーター制度といったことも交えてお話ししていただきました。

勉強会を開催したのは、当たり前ですが、お金は湧いて出てくるものではないことを理解する機会を作りたいと考えたのと、自分が普段受け取っている強化費の流れを知ることで、選手自身にもマネジメント能力をつけてほしいという狙いがあったからです。

連盟の予算には、JOCやJSCを通して支給される強化費・助成金だけでなく、企業や団体からの協賛金や寄付金があります。つまり、多くの企業や団体に、柔道を応援したいと思ってもらえるような活動をしていく必要があるのです。それには連盟の顔である強化選手たちの行動が重要で、強化選手としての自覚を持ち、相応の品位・品格が大事だということを理解してもらわねばなりません。

そうは言っても、勉強会ではほとんどの選手がポカンとしています。ですが、それでもいいのです。すべて理解するのは難しいでしょうし、なかなか自分事として捉えきれない部分もあると思います。けれども、例えば海外遠征の費用はどこから拠出されているのか、ということを少しでも知ってもらい、将来わかるときがくればいいと思っています。

強化選手誓約書

勉強会で連盟の運営について知り、強化選手の心得を学んだあと、選手たちには「強化選手誓約書」にサインをしてもらっていました。

誓約書は、強化現場に関わる皆さんとの話し合いの中から生まれたもので、強化選手としての自覚を持ち、責任ある行動をとってもらうための最低限の行動規範が明記されています。いわば強化選手としての約束事と言えます。

今後はさらに進んで「契約書」の時代に入っていくのではないかと、関係者の間で話していま す。具体的には、大会や合宿時の取材対応やSNS投稿などについて、強化選手としてやらなければいけない義務や守らなければいけないルールを明文化し、全柔連と契約を交わすという形になっていくのではないでしょうか。

重要なのは、選手たちの行動を制限することが目的なのではなく、むしろ、守るという観点から考えられていることです。社会が複雑化する中、何か問題が起きた場合に契約書を交わしていることで連盟は選手を守ることができます。同時に、連盟自体もまた自分たちを守ることができます。

本来、こういうルールはない方がいいと思いますし、私の選手時代には当然、このようなものはありませんでした。しかし社会情勢の変化に合わせ、何事も書面で確認し、それを残すことが求められるようになったということだと思います。

特別対談

鈴木桂治×井上康生

継承される監督哲学

任せる勇気、責任をとる覚悟

選手がうらやましいと思っていた――鈴木

井上　鈴木先生には、私が監督として活動した2012年11月から約9年間にわたり、100kg、100kg超級の強化コーチとして手腕を振るっていただきました。本日は、全日本男子柔道強化チームの新監督としてスタートを切ったばかりの鈴木先生と東京オリンピックまでを振り返りながら、今後に向けてのお話ができればと思っています。どうぞよろしくお願いいたします。

鈴木　こちらこそ、お願いいたします。

井上　私の体制では、監督である私から大会や海外遠征などの活動の一つひとつに全体的な方針を示しましたが、個々のところに関しては担当コーチがすべて担ってくれていました。選手と話し合って方向性を決め、どのように強化していくかといったことから、練習相手の確保まですべてでした。ですから、この9年間の結果はコーチの皆さんの存在があってこそであり、それがほとんどすべてであったと思っています。

鈴木　私は選手時代、井上先生には全日本のコーチとして担当してもらっていた時期もあるので、2012年に強化コーチになってからしばらくは選手目線もあって、井上監督体制がうらやましいなと思っていました。これだけ情報をもらえて、かつ選手の目線に立ってくれる監督がいるのは、選手としては最高の環境だなと。強化コーチとしては、井上監督のもとで指導者としてのスキルを上げさせてもらいましたし、育ててもらったと思っています。コーチは監督のやりたいことをすべて理解し、指導につなげていかなければなりません。そのためには自分も勉強しなければいけないし、選手とのつながりも大事にしなければいけないと感じていました。井上監督の発言を理解するのは難しいというか、面白いというか。いろいろと学ばせていただきました。やっぱり柔道史に残る柔道家ですから、その人の言葉には一つひとつに重みがあるんです。

もちろん、ときには自分とは思いが違う場合もありましたが、考えが違っていても、コーチがその方向性を曲げることはできないわけです。監督はこう言っているけど、俺の考えはこうだと言ってコーチが勝手に動き出したら、それはよい組織ではありませんから。だから、監督はなぜそう考えているんだろうと考え、しっかり理解する。それが一番の大変さでもあり、面白さでしたね。

井上　大変だったと思います（苦笑）。私はチーム方針に「自主・自立」を掲げてきましたが、コーチにもその部分は期待していました。すべてを説明するのではなく、それぞれの立場で考えて動いてもらいたいと。ですから、コーチだけじゃなくてスタッフも、私の言葉に疑問を持ったことはあったと思います。でも、それをしっかりと理解してくださったうえで選手たちに伝え、組織をともに運営していってくださったと思っています。

それから、私の体制がうらやましく思ったと言っていただきましたが、私は鈴木先生が現役最後の頃に全日本でコーチをしていたときに、正直、できなかったことがたくさんありました。私自身の勉強不足もあったし、選手といい関係を作れなかったことも非常に反省しました。ロンドンオリンピックでは金メダルがゼロに終わったわけですが、ここから先、どうすべきかというのを考えたうえで、一つひとつ、皆さんと話し合いながら進めていけたことが非常に大きかったと思います。ただ、ロンドンまでの過程においてもいい部分はもちろんあったので、そういうところは引き継ぎつつ、思いきって変えなければいけないところとのバランスをとりながら進めていきましたね。

鈴木　私は国士舘大の監督もしていましたが（２０２０年9月から総監督）、全日本は国士舘を合宿時の練習先にしてくれることが多く、普段から強化選手たちが稽古に来てくれたりしていました。これはありがたかったです。全日本のコーチになったことで国士舘に還元できた一番大きなところでした。全日本と大学では目標設定が違うので、全日本でやっていることを国士舘にそのまま反映することはありませんでしたが、学生にとっては強化選手の稽古を見て、身近で感じるだけで勉強になりますから。

井上　国士舘には練習先として何度もご協力いただき、本当にお世話になりました。鈴木先生は絶対にNOとは言わないんです。学生たちにはいつも「全日本に来てもらうことがどういうことか、わかっているか」と伝えておられて、練習メニューも全日本がやるメニューを優先してください、と言ってくださった。

学生たちにもやりたいプランはあったでしょうし、全日本が来ることでそれができなくなってしまう可能性もあったと思います。それでも、国士舘は全日本を受け入れてくれて、活用につなげてくださった。特にコロナ禍になってからはチームとしてだけでなく、個別でも受け入れてくれました。本当に感謝しかありません。

鈴木コーチの大胆な発想は心強かった——井上

鈴木　井上体制の特徴の一つとして、階級ごとに集まる個別分散合宿が中心だったことがあると思います。私が選手のときは個別分散はなくて、全階級が集まる全体合宿が基本でした。夏場は長野の富士見高原で2週間連続でやったりしていましたしね。でも井上監督になってから、全体合宿は年末年始や毎年の世界選手権前などに絞られるようになりました。

井上　練習やトレーニングは結局、階級別でやることになりますから。合宿は個別と全体で使い分けていました。

鈴木　個別分散では技術的な向上や強くなるための稽古をやり、全体合宿は情報を提供したり、柔道以外の面で刺激を与えたりとか、そういう場でしたよね。全体合宿には毎回いろいろな講義が入っていましたが、例えばトレーニングだと「この合宿で150kg挙げられるようになれ」と言うのではなく、もっと効率よくウエイトを挙げるための指導を兼ねながら、選手にいろいろな情報を与えていく時間でした。だから、全体合宿は知的な合宿だったと思います。

私が選手だったときは、全日本の合宿に行くのが憂鬱だったんですよ。ものすごくきついから。でも、井上体制の全体合宿の場合、選手はそんな感じでは来ていなかったと思います。むしろ、「今回は何があるんだろう」と楽しみなところがあったんじゃないかと。選手に聞いていないからわからないですけど、少なくともコーチである私はそうでした。だから、昔みたいに全体合宿で選手たちがボロボロになって稽古する姿は、もう全日本では見られません（笑）。ひたすら追い込むようなきついメニューはもうない。もちろん、きつい内容のときもありますけど、そこまで詰め込むというのはなかったですよね。

井上　それは各担当コーチが選手たちと細かくコミュニケーションをとって進めていってくれたから、むやみに追い込むことがなかったということだと思います。例えば、全体で乱取を5分間×12本やるというときも、鈴木先生が担当していた重量級では、「この時間帯は一本勝負を入れたいです。いいですか？」といったように、全体合宿でも個々に対応したメニューにすることもありましたね。大枠としての方針はありましたが、各担当コーチが選手と話し合いながら、それぞれに対応してやっていきました。あとは、担当コーチの仕事として重要だったのが練習相手の確保です。特に重量級の場合は、大学や実業団で練習させてもらうとき、練習相手の人数が足りないことがあります。そういう場合は実業団や大学にあらかじめお願いして、選手を派遣してもらったりする。そういう細かいところも一つひとつ詰めてもらっていました。

これは裏話ですけど、コロナ禍になって海外遠征ができなくなりましたが、どうにかして海外勢と組ませる時間を作らなければいけない、という話になったことがありました。しかしながら、海外から選手を受け入れるのはやっぱり大変です。でも、鈴木先生は「そんなこと言っていられないですよ。責任は国士舘が負うので、外国人を呼びましょう!」と言ってくれて、実際に動いてくれたんです。

鈴木　大学の理事長に「こういう状況なので、やらなければいけないんです」と直談判したら、「わかった」と理解してくださって、許可をいただきました。結局は実現しなかったのですが、トルコやアゼルバイジャンのナショナルチームに連絡をして一時は承諾をもらいました。イリアディス（ウズベキスタン代表監督）もＯＫだと言ってきてくれて。そこまでは進んだんです。

井上　そういう発想を持ち、実現の一歩手前までこぎつけたということが本当に心強かったです。今後もそういう大胆な発想は大事になってくると思いますし、新しいやり方で切り開いていかなければいけないと思います。そこはとても楽しみです。

ありがたいの一言で片づけてはいけない――井上

井上 コロナ禍でのことを振り返ってみると、もちろん、今も続いてはいますが、私は東京オリンピックの開催延期が決まってからの一年半は、大事なことを確認できた期間だったのかなと思っています。この期間は、選手もコーチもスタッフも、もちろん私も含め、自分自身が置かれている状況や立場を理解したうえで動くという心を、どれだけ持てるかということが大切だったと思うんです。本当に限られたことしかできなかったので、自分に必要なことを見極め、厳選してやっていかなければいけない。それは自分自身を理解していなければできないことです。練習環境も限られていたので、その中では我慢や忍耐が必要だったりします。それができるかどうかもとても大事なことでした。

練習環境の制限は本当に厳しかったですよね。一度目の緊急事態宣言（2020年4月）が発出されたあと、しばらくは首都圏が非常に厳しい状況に置かれたので、奈良県にある天理大が原沢（久喜）たち重量級の選手を受け入れてくれたんです。鈴木先生なんて東京から天理まで、車で週に何往復したかわかりません。あの頃、公共交通機関は使えませんでしたから。

鈴木 でも、井上監督も同じですよ。僕が週の前半担当、井上監督が後半担当で、それを全部で8週間くらい続けました。

井上 ウィークリーマンションに泊まってね。

鈴木 私が天理についてマンションに入ると、井上監督がさっきまで寝ていたような布団があったり（笑）。

井上「冷蔵庫にビール入れときました！」とかメッセージを残してね。

鈴木「眠眠打破」は結構効くことがわかったり（笑）。原沢がふくらはぎを痛めて、1週間練習できませんとなったこともあって、そのときは天理に来て、寝て、次の日の朝に帰ったこともありました（笑）。

井上 そんなこともあったなぁ。やっぱり、選手を預けておくだけではダメで、何かあったときの責任をこちらでとらなければいけません。ですから、必ず我々全日本の人間がいるようにしていたんです。天理の穴井（隆将）監督には、「大丈夫ですよ。無理しないでください」と言ってもらっていたのですが、最低限のことはやらなくてはということで。

鈴木　香久子さん（上村、全日本男子柔道強化チーム管理栄養士）は2カ月間ずっと向こうですもんね。外食ができないので、朝昼晩、食事を作ってくださったんです。本当に大変だったと思います。香久子さん自身も食品の買い物以外は外に出られないし。

井上　最初の緊急事態宣言が出てから2、3カ月はみんなまったく動けない状況だったじゃないですか。前も後ろも見えなくて、そもそもコロナってなんだよ、という状況で。それでもやっていかなければならないという本当に厳しい状況のときに、天理大は受け入れてくださった。オリンピックのあとに行ったコーチとスタッフ全員が参加しての検証会でも言ったのですが、天理大のほか、国士舘大はもちろん、國學院大、パーク24、京葉ガスもどんなときでも受け入れてくれました。そうやって協力していただいたところには感謝の気持ちしかありません。ありがたいの一言で片づけてはいけない思いです。

鈴木　私の場合は、コロナ禍でさらに覚悟が持てたと思います。ここはやるしかない、と決断するポイントが何度かあったんです。やらないという選択肢もありました。ここは黙っておこうとか。でも、それでは進まないし、何も変わ

らない。だから動き出す。だけど何か起きたとき、最悪の場合の責任は自分がとる。その覚悟が持てました。

柔道だけではなく生活においても、家族もいますし、すべてにおいて俺の責任でやろうと。当時は国士舘でまだ監督をやっていて、預かっているものが大きかったですしね。地元に帰れなかった子もいたので、寮を閉めるということもしませんでした。自ら残った子もいて、その心意気もうれしいんですよ。どんな状況でもやりますという学生もいました。だから、余計にこいつらをしっかり守るというか、最後まで責任を持って預からなければいけないと思いました。だから毎日寮に行ってテニスをやったり、ゴルフの打ちっぱなしをやったり、サッカーをやったり。もちろん、私一人ではなくコーチもいましたし、いろいろな形で助けてくれる人がいたからできたことです。私自身、以前から覚悟を持ってやっていたつもりですが、コロナ禍になってさらにその気持ちが強くなった気がします。

井上体制を深掘りするのが自分の仕事──鈴木

井上　強化コーチと大学の監督との両立は本当に大変だったと思います。鈴木先生にコーチになっていただくかどうか考えていたとき、亡き斉藤仁先生（国士舘大柔道部元監督、２００８～２０１５年全柔連強化委員長）に「桂治を頼んだ」と言われました。そのお気持ちはよくわかるけれども、国士舘の監督に就任したばかりでしたから、いきなり両立させて本当によいのかと、正直考えました。でもやはり、将来は日本を背負う人間であると思っていたので、一緒に闘ってもらいたいと思ってお願いしました。就任後は重量級再建にあたってもらったわけですが、２０１５年の世界選手権で羽賀（龍之介、１００kg級）が優勝したとき、鈴木先生は涙を流していました。あれは印象的でした。前の年、１００kg級は世界選手権への代表派遣がなくて、それは初めてのことでしたからね。自分の階級から代表が出ないという悔しさは、担当コーチとして相当なものがあったと思います。

鈴木　そうでしたね。

井上　２０１５年の羽賀の戦いにはそのエネルギーが出ていたし、鈴木先生のあの涙に象徴されていたと思います。

鈴木　強化コーチとして重量級の強化に携わることになり、自分たちの時代とは違うというのはわかっていましたが、最初の２０１３、２０１４年あたりは、日本の重量級が世界で勝てないという現実を突きつけられた時間でした。１００kg超級では七戸（龍）がまず先頭に立って頑張ってくれましたが、２０１３年のグランドスラムで初めてテディ・リネール（フランス代表）と対戦したとき、開始13秒で負けたんですよね。あのときは正直、倒れそうになりました。ここからどうやっていけばいいんだと。

でも、そこから七戸は本当に頑張ってくれましたし、日本としても少しずつ強化が進んでいきました。七戸には最終的には世界をとらせてやれませんでしたし、１００kg超級では目標としていたオリンピックでの金メダル獲得が叶わなかったので、そこだけは心残りというか、悔しい思いは今でも持っています。１００kg超級に関しては、これからも大きな課題です。やっぱり世界は強いので。

井上　最重量級は柔道の質が変わってきています。身体がでかいだけじゃないですから。でかくて、動けて、技がないと勝ち残っていけない。これからもさらに日本柔道が総力を挙げ、みんなで知恵を絞って進んでいかなければいけません。

鈴木先生は2021年10月に全日本男子柔道強化チームの監督に就任しました。どのようなチーム作りをしていきたいと考えていますか?

鈴木　井上体制の流れを大きく変えようとは思っていません。やはり、2回のオリンピックでこれだけメダルを獲得した成功例ですから、大枠は変更するつもりもないし、むしろ井上体制を継承させてもらいたいと思っています。井上監督に教わったことで、さらに深掘りできることは何かと考えるのが自分の仕事。今まで学んだことをさらに深掘りするのが鈴木流ですね。あとは今後、自分なりに取り入れていきたい課題としては、コンディショニングが一つの大きなポイントになると思っています。コンディションの中身として、睡眠や減量・増量などでいろいろな課題を持っている選手がいると思うので、そこをもうちょっと深く追求していきたいです。ほかにはメンタルヘルスですね。東京オリンピックの検証会で井上監督からも発言があったのですが、強化選手は本当に個性的な人間が多いんです。その個性を発揮する日が試合当日にあたれば、勝てる可能性がかなり高くなると思います。メンタルヘルスのサポートは専門家の力も借りながら、日本柔道に合うやり方を見つけていく必要があると思っています。

全日本というのはもともと意識が高くて強い選手の集まりなので、それを磨き上げるのが我々の仕事だと思っています。その磨き方は各コーチの先生方と話をしながらになります。自分が井上監督にやってもらったように、なるべくコーチの考えを尊重して、それぞれのやり方を一番に考えていくチームが理想的かなと思っています。

井上　新しい戦いはもう始まっていますからね。鈴木カラーを前面に出し、新しい時代を作っていってほしいと思います。もちろん全力でサポートします。本日はいろいろと話ができて面白かったです。私自身の中でも節目になりました。ありがとうございました。

（2021年10月収録）

鈴木桂治　すずき・けいじ

全日本男子柔道強化チーム監督／
国士舘大柔道部総監督

1980年6月3日生まれ、茨城県出身。国士舘高→国士舘大体育学部卒。国士舘大大学院スポーツ・システム研究科修士課程修了。早稲田大大学院スポーツ科学研究科修士課程修了。国士舘大教授。国士舘大柔道部総監督。2012年11月から2021年9月まで全日本男子柔道強化チームコーチを務め、2021年10月から同監督。Keiji Judo Academy主宰。2003年世界選手権大阪大会無差別級金メダル。2004年アテネオリンピック100kg超級金メダル。2005年世界選手権カイロ大会100kg級金メダル。2004、05、07、11年全日本選手権優勝。

第7章 コロナ禍での準備

海外遠征の再開

２０２１年１月、東京オリンピックが延期となってからすべてストップしていた海外遠征を再開しました。２０２０年２月末のドイツ遠征以来、およそ11カ月ぶりのことです。遠征先はカタール・ドーハ。１月11〜13日に行われたＩＪＦマスターズ（※）に出場するためでした。

出場についてはぎりぎりまで検討を重ねました。１月はちょうど全国的に感染者数が増え、第３波が押し寄せた時期。出発の１月８日には首都圏に２度目の緊急事態宣言が発出されるなど、非常に厳しいタイミングでした。しかし、１日も早く実戦に復帰して海外勢との試合感覚を取り戻すため、厳重な感染予防対策を講じて遠征実施に踏みきりました。ＩＪＦツアー大会は前年の２０２０年10月に再開され、世界は前へと進んでいました。

この遠征再開後、全日本強化チームは東京オリンピックまでの間に国際大会に６回、国際合宿に１回参加することとなります。３月から６月にかけて実施した海外遠征は次の通りです。

・３月５〜７日……グランドスラム・タシケント（ウズベキスタン）
・４月１〜３日……グランドスラム・アンタルヤ（トルコ）

東京オリンピック延期後初の海外遠征時における新型コロナウイルス感染症対策

【大会】
IJFワールドマスターズ
【日程】
2021年1月8日出発、14日帰国
【PCR検査】
選手は全5回、コーチ、スタッフは全4回
（出発前日、出国時と入国時、計量前《選手のみ》、帰国1週間後）
【大会環境】
会場、宿舎ともに外部と完全に隔離
【帰国後の自主隔離】
カタールからの帰国者には、14日間の待機期間を
求めないアスリート用東京オリパラ準備トラック
（※通称アスリートトラック）が適用されていたが、
独自に自主隔離を行った。選手は1週間の隔離のあと、
医師の判断で練習を再開。コーチ、スタッフは2週間隔離

※アスリートトラックとは、東京オリンピック・パラリンピックに関連した措置で、日本人についてはJOC強化指定選手およびその関係者を対象とし、「海外からの帰国後14日間の待機期間中の強化活動（練習や大会参加等）」を可能とした。

・4月6～9日……アジア・オセアニア大会（キルギス）
・5月5～7日……グランドスラム・カザン（ロシア）
・6月6～13日……ブダペスト世界選手権（ハンガリー）

振り返ってみると、これらの遠征は常に綱渡り状態での実施となりました。国内と遠征先の感染状況によっては中止の決断をしなければなりませんし（実際、2月のイスラエル遠征は見送りました）、濃厚接触者や陽性者が出たために、予定していたメンバーで参加できないこともあったからです。それでも、なんとか遠征できる人間で渡航し、試合経験を積み上げました。

6月6～13日にはハンガリーでブダペスト世界選手権が開かれ、個人、男女混合団体にフルメンバーで出場しました。日本からはオリンピック代表選手の出場はなく、男子は66kg級の丸山城志郎と100kg超級の影浦心が優勝し、男女混合団体戦でも日本が頂点に立ちました。しかしながら、全体として結果は決してよいものではなく、私自身のマネジメント不足を猛省しました。

※IJFマスターズは、世界ランク36位以内の選手に出場権が与えられるレベルの高い大会。世界ランク18位以内の選手に出場資格が与えられるオリンピックに参加選手の顔ぶれが近い。

大野将平に感じたすごみ

2021年5月にロシア・カザンで国際合宿が行われ、日本からは大野将平が参加しました。スタッフは73kg級担当の金丸コーチと私、手塚一義トレーナー（ケア担当）、猪俣トレーナー（ストレングス担当）が同行しました。

この合宿で私は大野のすごみを感じることとなります。

大野は、2020年2月のグランドスラム・デュッセルドルフを最後に、大会への出場がないまま、東京オリンピックに臨むことを決めていました。ですから、このロシア合宿は大野にとって、オリンピック前に海外勢と組み合うことができる非常に貴重な機会でした。合宿参加にあたっての細かい方針については、同行した金丸コーチに任せていたので、どんな稽古の仕方をするのか、私は初日から大野の動きを興味深く見ていました。

彼が選んだやり方は、泰然自若、王者そのものでした。

大野の合宿参加日数は7日間。合宿は午前・午後の2部練習構成となっており、大野は2回練習×2日→1回練習＋トレーニングのサイクルを基本としました。

最初の3日間は、大きな意味でウォーミングアップにあてていました。自分自身のコンディションを確かめながら、乱取の本数を少しずつ増やし、心身を海外勢との稽古にフィットさせていく、という感じです。

4日目に入るとスピード、技の威力、集中力が一気に高まり、乱取の質は格段にアップしました。5日目になるとその質はさらに上がり、また組み合う相手については自分と同じ73kg級ではなく、階級が上の81、90kg級の選手を選ぶ時間を増やしていきました。投げることができなくても、投げられそうな危ない場面があっても、ドロドロになりながら、鬼気迫る稽古をしていました。

組み合う相手のチョイスにも彼ならではの視点がありました。大野は世界中に熱烈なファンを持つ現代を代表する柔道家です。柔道選手からも尊敬を集め、大会や合宿ではその一挙手一投足に熱い視線が注がれます。彼らの願いは「一度はオオノと組み合ってみたい」というもの。乱取の相手に立候補する選手があとを絶ちません。このロシア合宿も同様で、連日、大野の前に行列ができていました。

大野が見事だったのは、自分が確認したいことや課題に合った相手を実に細かく選んでいたことです。100人近い参加者の中から、そのような相手を選び出すというのは、観察眼と洞察力のなせる技なのだと思います。3日目までの試運転の際に観察していたのか、稽古をしながら見きっていたのか、とにかく、よく見ていたということは確かでした。稽古の時間を何一つ無駄にせず、自分に必要なこと、自分がやりたいと思うことを一つひとつ確実に実行していく大野の様にはすごみすらありました。彼にしか到達できない地平に立ってオリンピックに向けての準備をしているということを、はっきりと感じさせてくれました。

ちなみに私は、東京オリンピックまで大会に出ないという大野の希望を聞いたとき、さほど驚きませんでした。大野らしいな、と思ったからです。

それまでも大野は、何か重大な決断を下すときはあらゆる事態を想定し、考えに考え抜いてきました。ですから、この決断にあたっても、メリットとデメリットをとことんまで洗い出して決めたはずです。とりわけ東京オリンピック代表に内定してからの一年間は、金丸コーチとともに「防衛的悲観論」を掲げ、「自分だったら自分をどう倒すか」「自分が負けるときはどんなときか」といった、あえてネガティブな視点に立っての強化を続けていました。ですから、大会出場回避によって起きる事態についても、一切の楽観を排除して検討したことでしょう。その中には膝の故障の影響や、行動制限の多いコロナ禍特有のコンディショニングも当然、考慮に入っていたと思います。

そのうえで私は、大野は大会出場なしでオリンピックに挑むことで究極のモチベーションアップを求めたのかもしれない、と思いました。東京オリンピックで連覇を達成するため、背水の陣を敷き、自分自身を極限の状況に追い込むことで集中力を研ぎ澄まし、勝利への執念を増幅させようとしたのではないかと。それは彼にしかできないやり方ですし、彼ならやり通すだろうと思いました。

ただ、念のため、「本当に出なくていいのか？」と確認はしました。大野の決意はもちろん変わりませんでした。

オリンピックの開催意義

東京オリンピック開幕までの日々は、複雑な思いに満ちた時間でした。世界中がコロナによって苦しんでいる中、果たして我々はスポーツをしていていいのか、柔道家として、オリンピアンとして、一人の人間として、自問自答を繰り返しながら、歩み続けた日々でした。

延期決定当初から私がチームに伝え続けたのは、「我々は開催されることを信じ、やるべきことをやるだけだ」ということです。開催の意義に疑問の声が挙がり、オリンピック開幕まで議論が続きましたが、開催されるかどうかについては、我々にはどうすることもできません。「そうした議論に接して不安になることもあるだろうけど、それは当たり前の感情であって、むしろそれは封じ込めなくていい。自分がなんのために柔道をしていて、なぜオリンピックを目指すのか。

そうしたことを考える機会なのではないか」。そのようなことも、節目節目に伝えていました。

一方、もし中止になったら静かに受け止めようと、早い段階から覚悟を決めていました。そのうえで、アマチュアスポーツの未来のため、開催されることを心から願っていましたし、いかなる非難や厳しいご指摘があったとしても、それを受け止め、次なる時代に向けて少しでも前へ進んでいかなければいけないとも考えていました。そして無事に開催された暁には、スポーツやオリンピックという舞台を通じて、応援してくださる方々の心に響く何か――夢や感動、希望――を少しでも届けなければいけないと考えていました。

オリンピックは、人間がスポーツを通じて限界に挑戦する場であり、たくさんの方々の協力のもとで成り立つものです。そして、出場する選手だけでなく、関わる人、見る人すべてになんらかの気づきをもたらす平和の祭典です。開催に関しての議論が続く中、私はこの事実を改めて訴えることで、開催の価値と意義を今一度、見出していくことができるのではないかとも考えていました。

第8章　東京オリンピック

男子チーム3つの特長

新型コロナウイルスの世界的な感染拡大のため、史上初めて延期となった東京オリンピックは、当初の予定から一年遅れの2021年7月23日から8月8日まで開催され、205の国と地域から1万1315人が参加し、33競技・339種目が行われました。

柔道競技は7月24日から同月31日まで行われ、127の国と地域から393人がエントリー(男子201人、女子192人)しました。柔道日本代表は男女各7階級に一人ずつ14選手が参加し、男子個人では過去最多となる5個の金メダル、女子個人では4個の金メダルを獲得。大会最終日の男女混合団体では銀メダルを獲得することができました。

しかしながら私は、メダルの色や数ではなく、14人の代表全員が精いっぱい闘ってくれたところに、日本柔道にとって今大会の価値と意味があったと思っています。

このような大会にすることができたのも、これまで応援と支援をいただいた皆さまのおかげです。また、開催にあたっては多くの皆さまのご理解とご協力がありました。新型コロナウイルスと最前線で闘い続けてこられた医療従事者、エッセンシャルワーカーの皆さまへの敬意を表するとともに、すべての皆さまに心よりお礼申し上げます。

東京オリンピックでの日本男子の闘いについて私は、3つの特長があったのではないかと思います。一つずつ、振り返ります。

①自立心を持った選手が主体的に動いた集団であった

7人の選手たちは結果を出すためにそれぞれ自分で考え、主体的に行動できる自立した大人の集団でした。彼らは準備の過程においても、試合当日も、自分がやるべきこと、やるべき柔道を非常に高い質で実践していました。試合前、私が彼らに対してやったことは声をかけることくらい。あとは試合を見守るだけでした。

(ただ、私自身の心は乱れまくりで、緊張と不安と恐怖に満ちた8日間でした。初日に髙藤直寿、2日目に阿部一二三、3日目に大野将平と連続で金メダルを獲得しましたが、3日目が終わったときに、まだ5日もある、と愕然としたことを覚えています。大会前は自然体でいられる自分に驚き、リオオリンピック前のあたふたした自分からずいぶん成長できたと思ったものですが、そんなに綺麗に物事は進みません。私も人間なのだとつくづく思いました)

②我慢と寝技、データ活用がチャンスを生んだ

今大会は「指導」が出されるタイミング(時間帯)が世界選手権やIJFツアー大会と比べる

と遅い傾向にありました。これについては全柔連科学研究部からの指摘もあり、事前に予測して準備をしていたのですが、競技初日を見たところ、やはりその傾向にありました。日本武道館のすぐ隣の科学技術館に拠点を設け、試合をモニタリングしていた科学研究部からも、やはり過去のデータと比較してかなり遅いという報告が入ったので、すぐに対策を講じました。

キーワードは「我慢」です。普段の国際大会のように「指導」がどんどん出る場合は、ある程度リスクを負ってスピーディーに闘わなければなりませんが、「指導」の出るタイミングが遅く、攻防を長めに見るとなれば、攻め急ぐ必要はありません。技の崩し、作り、掛け、そして受け——すべてにおいて、一つひとつ丁寧にやりきること、そして苦しくなったときに、その場しのぎの展開に逃げるのではなく我慢してチャンスを待つこと、あるいはチャンスを作ること。その姿勢が勝利を呼び込むと伝えました。選手たちはこれに見事に対応していたと思います。

また「寝技」もキーポイントとなりました。今大会、男子で金メダルを獲得した選手は、「技あり」を取ったあとや、競り合ったり、攻め込まれたりしそうになったときには必ずと言っていいほど寝技を使いました。60kg級の髙藤と81kg級の永瀬貴規は、もともと立ち技と寝技をミックスした柔道スタイルですが、立ち技中心の66kg級の阿部、73kg級の大野、100kg級のウルフアロンも今回は寝技をよく使っていました。寝技を要所要所で使うことで、試合の流れを相手にわたさずに、優位な展開に持ち込めるので、これを効果的に使ったのです。我慢して、チャンスを作るために、寝技が非常に重要な役割を果たしていたと言えます。

過去の課題と反省に基づき、試合展開が速くても遅くても、どちらにも対応できるよう準備をしていました。そして寝技については、戦略的な準備を重ねていたので、それを生かすことができました。

③「平常心」で闘った

2016年のリオオリンピック後に行った検証会で、金メダルを獲得できなかった選手の反省として、「オリンピックという舞台に過剰に反応しすぎた」ことが報告されました。オリンピックは人生をかけて闘う場所ですから、当然意識はします。でも、それが過剰になると、本来の力を発揮できません。そこで東京オリンピックに向けては、オリンピックは特別な舞台ではあるが、意識しすぎることなく平常心で臨もう、という方針を立てていました。

実は、これはリオオリンピック66kg級銅メダリストの海老沼匡コーチの意見も参考にしています。

海老沼コーチは世界選手権で3度優勝の実績があり、誠実でまじめな人柄もあって多くの人から尊敬を集める柔道家です。彼は2021年4月に選手を引退し、その後は指導者としての道を歩み始めていました。その彼に、東京オリンピック開幕の2週間ほど前に会うことができました。

彼なら東京オリンピックにどう挑むのだろうか、私は助言を求めました。

「匡、何か最後に俺にアドバイスをくれないか」

するとと、彼はこう答えました。

「先生、僕はリオオリンピックで、オリンピックということを意識しすぎたと思っています。確かにオリンピックは特別な場所ですが、相手は世界選手権と変わらなかったり、知っていたりする選手ばかりでした。それなのに意識しすぎてしまったんです。オリンピックということを意識しすぎることなく、平常心を持って闘えばよかったのではないかと思っています」

平常心。やはりこれを我々のキーワードにしようと、再確認しました。

東京オリンピックに出場した選手たちは、まさにその心で闘ってくれたと思います。

60kg級の髙藤は、いつもの国際大会のように試合を一つ終えるごとに試合の感想を飾らずに言葉にしていましたし（「今のヤバかった！」などと気持ちを隠すことなく話していました）、66kg級の阿部は、妹の詩選手の試合を、自分の試合の合間に確認しながらも、集中して闘っていました。73kg級の大野は一日の中でオンとオフをはっきり使い分け、ルーティンを崩すことなく準備を行い、試合直前には野獣のような、殺気立ったオーラを全身から放っていました。81kg級の永瀬は、過剰に緊張することなく、自分らしくリラックスしたうえで、試合に臨むことができていました。実は3月に左足首を脱臼して6月まで乱取ができず、一時は非常に心配したのですが、逆にそれで開き直れた面もあったかもしれません。当日計量にあたった100kg級のウルフは、1・4kgオーバーに若干動揺しつつも、落ち着いて体重を落としていました。一日を通して程よい緊張とリラックスの状態を行き来していましたが、そうした姿はとても頼もしく感じられました。

5人の金メダリストはそれぞれ、自分にとって理想の精神状態で闘っていたと言えるでしょう。これは、相当な準備をしていなければできないことです。そう考えると、それほどまで抜かりない準備をして当日を迎えた彼らの勝利は必然でした。彼らは勝つべくして勝ったのです。

試合4日前から準備拠点へ

東京オリンピックで全日本柔道強化チームは、競技期間中は選手村に入らず、東京都北区のハイパフォーマンススポーツセンター（HPSC）を利用しました。オリンピックでは毎回、現地に練習会場を借りて事前の練習を行いますが、今回はそれをHPSC内の味の素ナショナルトレーニングセンターとしました。

選手がHPSCに入ったのは基本的に試合の4日前でした。2019年東京世界選手権のときと同様、試合日程に合わせて毎日一人ずつが順に入るスケジュールとしました。ただし、髙藤だけは2週間前から入り、ＨＰＳＣを拠点に試合2日前まで、都内の大学に出稽古へ行きながら準備を進めました。それまでの経験をもとに、髙藤は東京オリンピックに向けてはそのスケジュールで準備をしていました。

私は競技開始の4日前に入り、選手が入ってくるのを迎えました。連日、試合を終え、日本武道館から戻ってくるのは午後9時過ぎとなったため、その日のうちに会える選手はその日のうちに顔を合わせ、そうでない場合は翌朝には会うようにしていました。

実は、開催が延期にならなければ、選手からの要望をもとに、ＨＰＳＣには練習相手としてかなりの人数の選手に来てもらう予定でした。しかし、新型コロナウイルスの影響でＨＰＳＣに入れる人数に制限がかかったことから、一階級あたり3〜4人ほどとなってしまいました。そうした面でやりたかった準備ができなかったところもあるのですが、普段から使用している慣れ親しんだ施設でしたから、日本開催の地の利を生かすことはできたと思っています。

選手たちに書いてもらった大会後のアンケートでも、4日前から入るスケジュールについてはうまくいったという回答でした。リオオリンピック以降、試合前のコンディショニングと調整環境の整備には力を入れてきました。それを生かしつつ、感染対策という面からも、概ねうまくいったのではないかと考えています。

反省と日本の強みの再確認

東京オリンピックでは、90kg級と100kg超級ではメダルを獲得できませんでした。いずれも私の力不足であり、選手に力を発揮させてやれなかったことを申し訳なく思っています。

90kg級は世界的に強豪が揃う非常に厳しい階級であり、代表の向翔一郎も当然、それを十分に考慮したうえで準備を進めていました。競り合いの場面で攻め急がず、もう少し我慢する戦術ができていれば、展開が変わったのではないかと思っています。しかしながら、彼と時間をともにする中で私自身もさまざまな経験ができ、多くのことを学びました。それだけにもっとよいサポート法があったのではないかと猛省していますが、彼自身も、よき経験からも苦しい経験からも、多くのことを学んだはずです。それらを糧に次なる舞台での活躍を期待したいと思っています。

100kg超級の原沢久喜については、勝負どころで投げにいくことができませんでした。敗れた準決勝では、相手のルカシュ・クレパレク選手（チェコ代表）との対戦を想定し、組み手と技のチョイスについて、きめ細かい準備をしてきましたが、それを出させてやることができませんでした。リオオリンピック決勝で対戦したテディ・リネール選手（フランス代表）との3位決定戦については、準決勝のダメージが大きく、相手を倒すだけの力が残っていませんでした。

ただ、原沢は重量級の再建という日本柔道の悲願を背負い、リオオリンピックから東京オリンピックまで本当によく闘い抜いてくれました。寡黙で実直に練習に臨む姿は、最重量級の選手たちを鼓舞し続けたはずです。彼と2度のオリンピックを闘えたことを心から誇りに思っています。

また、東京オリンピックから始まった男女混合団体戦では決勝でフランスに敗れ、銀メダルとなりました。これについても悔しい気持ちでいっぱいです。しかし、フランス代表チームを称えたいと思います。個々の高い能力があるうえに、リネール選手と女子のクラリス・アグベニュー選手を中心に団結した素晴らしいチームでした。完敗でした。パリオリンピックで日本が金メダルを獲得するためには、男子で言えば、絶対に得点できる柱を2枚以上作る必要があります。そのための準備は戦略的に進めていかなければなりません。

また、私にはこの決勝が1964年の東京オリンピック無差別級決勝でアントン・ヘーシンク選手（オランダ代表）が神永昭夫先生を倒した闘いとかぶって見えました。敗れて悔しいのはもちろんですが、57年の時を経て、柔道が世界的な競技に発展したことを実感し、一柔道家として喜びを覚えたのです。同時に、ここから頑張らないと大変だぞと、強烈な課題を与えられたような思いにもなった大会最終日でした。

大会全体としては、基本の大切さを改めて感じることとなりました。相手と組んで投げる技があり、組んで怖がらずに勝負ができ、相手の技を受けきり、さばききる技術があり、四つんばいになったときには寝技で仕留められる、そうした基本が身についている選手はどんなルールにも、どんなジャッジ傾向にも対応できます。裏を返すと、「指導」狙いの柔道や、釣り手と引き手を持たない小手先の技術で勝てるほど、世界は甘くないと言えます。日本柔道が世界最強であり続けるためには、日本柔道が大切にしてきた基本をおろそかにしてはいけないと、東京オリンピックを終えて実感しています。

結果を残せた要因

東京オリンピックまでの準備を振り返ると、延期決定からの一年5カ月間は、やりたいと思っていた強化がほとんどできませんでした。早期内定制度によって7階級中6階級で代表が決まり、通常より1カ月ほど長く準備期間を確保できる予定でした。そのため、準備の過程でやろうと考えていた海外合宿やトレーニングなどは、結局、まったくと言っていいほど実行できませんでした。

それでも選手たちは結果を出しました。これについて私が思ったのは、いじらなくても結果が出るときは出る、ということでした。いじるというのは表現が雑かもしれません。「よかれと思って計画していた直前の強化策を講じなくても結果は出ることがある」と言うと、少しは伝わるでしょうか。

　では、なぜそんなことができたのでしょうか。

　まず一つは、コロナ禍になる以前の段階ですでに選手たちが主体的に行動して強化に取り組み、世界と勝負できる人間に成長していたことがあります。もう一つは、全日本と各所属先の信頼関係が構築されていたことです。この二つがあったからこそ、制限された活動の中でも、やろうとしていたことができなくても、個々が安定して準備を進めることができ、結果、チーム全体として崩れることがなかったと思うのです。

　例えば、コロナ禍では、以前のような実業団や強豪大学のご協力のもとで大勢が集まって稽古するやり方はできなくなりました。これについては、階級ごとに行う個別分散合宿の数を増やすことで練習の質と量を確保しました。そのうえで、担当コーチやスタッフが選手や所属先の皆さんと細かくコミュニケーションをとりながら、サポートを続けることができたと思います。

　全体合宿をゼロにしなかったこともよかったと思います。個別で稽古をしている方が、感染対策の面からもリスクが少なくて楽なのですが、個だけで動いていると、代表としての意識や連帯感が薄れてしまいかねません。これについては非常に重要なポイントだと考えていたので、全体合宿を適度に実施して、選手同士が顔を合わせ、刺激し合う機会を設け続けました。また、月に一度はオンラインで代表ミーティングを行い、選手同士がお互いの存在を感じる時間を作ったことも功を奏したと思います。

そのうえで自分自身のことを振り返ると、監督である私が、延期決定後のかなり早い段階で覚悟を決めることができたのも、よかったのかもしれません。

開催であろうと中止であろうと、現実を受け止める。とにかく前を向いてできることをやる。私がどっしり構えることで、オリンピックという目標が突然目の前から消え、不安の中にいる選手に対し、安心を与えることができるのではないか、と考えたのです。

覚悟を決めたのは私自身のためでもありましたが、それがチームにとってよい方向に影響し、全日本強化チームとして覚悟を決めて準備を進めていくことができたと思っています。

終章　挑戦は続く

東京オリンピック最終日、男女混合団体戦の表彰式を終えたあと、選手、コーチ、スタッフが輪になって胴上げをしてくれました。私は彼らとともに8日間を闘い抜いた幸せをかみしめながら、2度、3度と宙を舞いました。この景色を覚えていたい、そう思いましたが、日本武道館の天井から差し込むライトと涙でにじんでよく見えませんでした。

その後、日本代表チームは、日本武道館内の練習会場に移動して解散式を行いました。入場人数制限のため日本武道館に入れなかった古根川コーチをはじめ、ジュニアコーチ、科学研究部のスタッフたちはリモートで参加。最後は全員で円陣を組み、金野強化委員長の締めの一言で東京オリンピック柔道日本代表は解散しました。

翌朝、記者会見に臨む選手たちを金野強化委員長、増地女子監督、コーチらとともに見送ったのち、選手村をあとにしました。その帰り道、私は遠回りして、千葉県松戸市の八柱霊園にある柔道創始者・嘉納治五郎師範のお墓に立ち寄りました。開幕前にコーチとともにご挨拶にあがっていましたので、今度は無事の終了をご報告したいと思ったのです。

「東京オリンピックが終わりました。最後の団体戦は勝利で締めることができませんでした。しかしながら、選手はよく頑張ってくれました。これからも柔道の発展のために努力しますので、どうか見守っていてください」

墓前に手を合わせ、報告を済ませると、そのとき、やっと私の東京オリンピックが終わったような気がしました。清々しい気持ちで家族の待つ自宅へと車を走らせました。

その10日後、私は日本武道館にいました。8月27日に始まった東京パラリンピックの柔道競技視察のため、金野強化委員長、増地監督とともに、会場を訪れたのです。

パラリンピックにおける柔道は、視覚障がい者の方たちによって行われています。視覚障がい者柔道はそれまでにも何度か観戦したことがありましたが、じっくり試合を見たのは初めてでした。私はすぐに夢中になりました。視覚に障がいがあっても、激しく技を出し合い、駆け引きをして繊細な攻防が展開されることに、正直驚きました。人間は鍛錬と工夫によって、想像を超える能力を発揮するものであり、無限の可能性に満ちていることを感じずにはいられませんでした。

試合を終えたあと、審判員と選手が揃って畳を降りる姿には心を揺さぶられました。視覚障がい者柔道では、試合終了後、介助が必要な選手は審判員と手をつなぎ、3人一緒に試合場の脇まで歩いて礼をしてから畳を降ります。それまで激しく試合をしていた両選手が、試合終了とともに審判員のサポートを受け、歩みを揃えて試合を終えるその様子は、美しく、心を打つ光景でした。今回の東京オリンピック・パラリンピックの基本コンセプトの一つに「多様性と調和」がありましたが、その姿はまさに人類の「調和」を体現しているように私には映りました。

東京オリンピックが閉幕してから5カ月近くが経とうとしています。たった5カ月前のことなのに、私の中で東京オリンピックは遥か昔のことのように感じます。

実は、私の中に東京オリンピックを終えてみての達成感はありません。監督としてやりきった爽快感のようなものはないということです。

誤解していただきたくないのは、これは代表の7人の選手が懸命に闘い抜いてくれたことに対する喜びとは、まったく別のところでの感情だということです。無事に7人の選手を試合に送り出し、そして無事に試合を終えることができたという安堵の気持ちは当然あります。しかし、オリンピック開催延期が決まってからの約一年半の間に、最後の詰めでやろうと準備していた強化プランはことごとく実行できず、仕方のないことだと受け入れてはいるものの、選手強化という点で何かを成し遂げた気持ちになれなかったのです。

こんなことを言うと、がっかりされる方がおられるかもしれませんん。しかしながら、今回の東京オリンピックは、開催の是非についての議論も含め、非常に複雑な感情を抱えながらの大会でした。そのうえでの正直な気持ちとして、書き残しておきたいと思います。

「今回のオリンピックは成功したと思いますか？」

「開催してよかったと思いますか？」

オリンピックが閉幕してから、たくさんの方に尋ねられました。

私の答えはいずれも同じです。今すぐには答えが出ないことだと思っています。成功したのかどうか、開催してよかったのかどうかを判断できるのは、まだずっと先のことで、大きく言えば、歴史が答えを出してくれるのではないかと思っています。やはり、それくらい今回の東京オリンピックは難しい状況での開催であったと思います。

ただ、アマチュアスポーツにとってはよかったと言えるのかもしれません。もしも開催されていなければ、選手たちが受けるダメージは相当なものであり、アマチュアスポーツを取り巻く環境はかなり厳しいものになっていたのではないかと思います。他方、社会的な視点から見ると、多くの人が期待していた経済効果は得られず、その点では失敗だったと言えるかもしれません。

では、日本柔道にとってどうだったかと言えば、それこそ、これから先の未来にその答えはあるのだと思います。もしも成功だったと言うための道があるとすれば、それは日本柔道が変化を恐れず、進化をやめないことだと思います。もっと言うと、柔道が世界に必要とされるスポーツとして生き残っていくために、柔道創始国の日本は挑戦をやめず、柔道の可能性を広げ、魅力を発信し続けていく責任と役割があると思っています。

挑戦を続けるのは、私自身についてもそうです。2021年9月30日の監督退任後、全日本柔道連盟内では二つの役職に就任しました。一つは男女統括強化副委員長、もう一つは、新たに設置されたブランディング戦略推進特別委員会委員長（対外呼称・チーフストラテジーオフィサー）です。強化副委員長としてはこれまでの経験を生かしながら、金野強化委員長を支え、鈴木男子監督、増地女子監督、そして強化コーチ、サポートスタッフの皆さんがのびのびと強化活動にあたることができるよう、全力を尽くしていきたいと思っています。

ブランディング戦略推進特別委員会は、自分自身の未来を考えたときに、このまま選手強化だけにすがっていてはいけないと考え、踏み入れた未知の分野です。この委員会は柔道を「する」だけでなく、「みる」「ささえる」人を増やしていくためのアクションを実行し、コミュニティーを形成することで、最終的に社会に貢献することを目指します。そのためには柔道の役割や社会に提供できる価値を定義することが重要で、ゼロから勉強していかなければならないことばかりです。自分に何ができるのか、自分がどう変わっていけるのかと、ワクワクしながら活動を始めています。

「どんな経験も次なるステージにつなげてこそ意味がある」

これは私自身が大切にしている考え方です。9年にわたる監督経験を、これからの人生のさまざまな場面で生かしていくことこそ重要であると考えています。


筆を置く前に本書のタイトルとなった「初心」について少しご説明したいと思います。この「初心」は、母・かず子が生前に送りそびれていた私宛ての手紙の中にあった言葉です。母は私が大学3年生のときに51歳の若さで急逝したのですが、葬儀を済ませたあと、父・明がその手紙を私に手渡してくれました。手紙の中には次のような一文がありました。

「すべて初心に返って頑張ってください」

その「初心」とは何かと、当時、21歳だった私は自分に問い、そして次のように考えました。

「柔道が大好きで、強くなりたいと思って柔道を続けてきた純粋な気持ち」

以来、どのような立場になっても、どんな仕事であっても、この気持ちを大切にし、全力で取り組んできました。もちろん、これからの日々においても「初心」を忘れることなく、挑戦を続けていきます。

井上康生

2021年12月吉日

［特別付録］　私の愛読書

学生時代から読書が好きで、全日本男子柔道強化チームの監督に就任してからは、より幅広いジャンルの本を手にするようになりました。その一部をご紹介します。

▼リーダー論・組織論

『「貞観政要」のリーダー学　守成は創業より難し』（守屋洋・著）
『孫子の兵法　考え抜かれた「人生戦略の書」の読み方』（守屋洋・著）
『日本型リーダーはなぜ失敗するのか』（半藤一利・著）
『現代語訳　論語と算盤』（渋沢栄一・著／守屋淳・訳）
『竜馬がゆく』（司馬遼太郎・著）
『坂の上の雲』（司馬遼太郎・著）

もともと歴史が好きということもあり、歴史を題材にした本をよく読んでいますが、これらの本はリーダーという立場の人間はどのような考え方を持ち、どうあるべきか、また、よい組織とはどんなもので、目標を達成するためには、何が必要でどのような組織運営をしていくべきかといったリーダー論、あるいは帝王学として参考にしてきました。

『「貞観政要」のリーダー学　守成は創業より難し』は、名君と言われた唐王朝二代目の太宗（李世民）とその家臣たちとの問答を中心に編纂された「貞観政要」について、わかりやすくまとめられた一冊です。天下を収めていくためには徳が重要であること、リーダーという立場にある者は、常に自分自身を律して、謙虚に生きていかなければならず、また、そうした姿勢を見せていかなければならないことが繰り返し書かれています。

また、同じ中国の古典を題材にした『孫子の兵法　考え抜かれた「人生戦略の書」の読み方』からは、戦略的・戦術的に闘うための考え方と重要性を学びました。『日本型リーダーはなぜ失敗するのか』は、失敗例から日本という国の構造的な問題を浮かび上がらせていて、なるほどと思う部分が多く、こちらもリーダー論として参考になった一冊です。

司馬遼太郎さんの歴史小説もとても好きで、ほとんど読んでいます。特に好きなのが今回挙げた2作品です。ともに日本の歴史の転換期に志を持った若者たちが知恵を絞り、情熱を持って新しい時代、新しい国家を作り上げていく姿を描いた壮大なストーリーです。悲しい出来事も多いのですが、登場人物がいきいきと魅力的に描かれていてロマンあふれる内容だと思います。

▼スポーツ関連

『モウリーニョの流儀　勝利をもたらす知将の哲学と戦略』（片野道郎・著）
『野村ノート』（野村克也・著）
『背負い続ける力』（山下泰裕・著）
『現代スポーツは嘉納治五郎から何を学ぶのか　オリンピック・体育・柔道の新たなビジョン』（日本体育協会・監修／菊幸一・編著）

組織論や人材育成の方法、チームマネジメントなどの実務についてスポーツ界の方が書かれた本も参考にしています。これらの本は、それぞれチーム運営面だけでなく、競技の普及というところでも参考になる部分が多く、スポーツ界という枠を越える広い視野を持った内容になっています。山下泰裕先生の著書は何冊もありますが、特にこの本は組織を率いるうえでの覚悟と、持つべき考え方について示されていて非常に勉強になりました。

▼漫画

『柔道部物語』(小林まこと・著)
『三国志』(横山光輝・著)
『漫画　君たちはどう生きるか』(吉野源三郎・著/羽賀翔一・作画)

子どもの頃から、長兄・将明、次兄・智和の影響で漫画をたくさん読んできました。中でも『柔道部物語』は大好きな作品です。道場の友達も読んでいましたし、リアルな部分がたくさんあって夢中になりました。柔道をしている人たちのバイブルと言っていいとも思います。大人になってからは歴史漫画をよく読むようになりました。横山光輝さんの作品は難しいところもあるのですが、壮大な歴史を学ぶ入口として適していると思い、自分の子どもたちにも読ませています。

▼未来・データサイエンス

『2030年の世界地図帳　あたらしい経済とSDGs、未来への展望』(落合陽一・著)

『シン・ニホン　AI×データ時代における日本の再生と人材育成』(安宅和人・著)

『FACT FULNESS　10の思い込みを乗り越え、データを基に世界を正しく見る習慣』(ハンス・ロスリング、オーラ・ロスリング、アンナ・ロスリング・ロンランド・著／上杉周作、関美和・訳)

いずれも豊富なデータをもとに現在を知り、未来がどう変わっていくのかを予測している本です。最新のテクノロジーと科学をどのように活用していくかといったことが盛り込まれていて、非常に新鮮で刺激的です。世の中には知っているようで知らないことが多くありますし、知ったつもりになっているようなこともあります。そういったことに気づかされる本でもありますし、データによって裏づけられた事実をもとに、新しい発想をどんどん取り入れ、未来を創造していく面白さと可能性を教えてくれる本です。

井上ジャパン（柔道男子日本代表）戦績

[2013年]世界選手権大会　ブラジル・リオデジャネイロ／8月26日〜9月1日			
階級	氏名	所属	成績
60kg級	髙藤直寿	（東海大2年）	優勝
66kg級	海老沼匡	（パーク２４）	優勝
	福岡政章	（ALSOK）	3位
73kg級	大野将平	（天理大4年）	優勝
	中矢力	（ALSOK）	7位
81kg級	長島啓太	（日本中央競馬会）	2回戦敗退
90kg級	西山将士	（新日鉄住金）	2回戦敗退
100kg級	小野卓志	（了徳寺学園職員）	5位
100kg超級	七戸龍	（九州電力）	7位

[2014年]世界選手権大会　ロシア・チェリャビンスク／8月25日〜31日			
階級	氏名	所属	成績
60kg級	髙藤直寿	（東海大3年）	3位
66kg級	海老沼匡	（パーク２４）	優勝
	高市賢悟	（東海大3年）	5位
73kg級	中矢力	（ALSOK）	優勝
	大野将平	（旭化成）	4回戦敗退
81kg級	永瀬貴規	（筑波大3年）	5位
90kg級	ベイカー茉秋	（東海大2年）	2回戦敗退
100kg級	派遣なし	——	——
100kg超級	七戸龍	（九州電力）	準優勝
	上川大樹	（京葉ガス）	3回戦敗退

[2014年]アジア競技大会　韓国・仁川／9月20日〜23日			
階級	氏名	所属	成績
60kg級	志々目徹	（了徳寺学園職員）	3位
66kg級	高上智史	（旭化成）	準優勝
73kg級	秋本啓之	（了徳寺学園職員）	優勝
81kg級	長島啓太	（日本中央競馬会）	3位
90kg級	吉田優也	（旭化成）	優勝
100kg級	熊代佑輔	（ALSOK）	1回戦敗退
100kg超級	王子谷剛志	（東海大4年）	優勝

[2015年]世界選手権大会　カザフスタン・アスタナ／8月24日～30日			
階級	氏名	所属	成績
60kg級	志々目徹	(了徳寺学園職員)	3位
66kg級	海老沼匡	(パーク２４)	3回戦敗退
	髙市賢悟	(東海大4年)	1回戦敗退
73kg級	大野将平	(旭化成)	優勝
	中矢力	(ALSOK)	準優勝
81kg級	永瀬貴規	(筑波大4年)	優勝
90kg級	ベイカー茉秋	(東海大3年)	3位
100kg級	羽賀龍之介	(旭化成)	優勝
100kg超級	七戸龍	(九州電力)	準優勝

[2016年]オリンピック大会　ブラジル・リオデジャネイロ／8月6日～8月12日			
階級	氏名	所属	成績
60kg級	髙藤直寿	(パーク２４)	3位
66kg級	海老沼匡	(パーク２４)	3位
73kg級	大野将平	(旭化成)	優勝
81kg級	永瀬貴規	(旭化成)	3位
90kg級	ベイカー茉秋	(東海大4年)	優勝
100kg級	羽賀龍之介	(旭化成)	3位
100kg超級	原沢久喜	(日本中央競馬会)	準優勝

[2017年]世界選手権大会　ハンガリー・ブダペスト／8月28日～9月3日			
階級	氏名	所属	成績
60kg級	髙藤直寿	(パーク２４)	優勝
	永山竜樹	(東海大3年)	3回戦敗退
66kg級	阿部一二三	(日本体育大2年)	優勝
73kg級	橋本壮市	(パーク２４)	優勝
81kg級	永瀬貴規	(旭化成)	4回戦敗退
90kg級	派遣なし	――	――
100kg級	ウルフアロン	(東海大4年)	優勝
	羽賀龍之介	(旭化成)	2回戦敗退
100kg超級	王子谷剛志	(旭化成)	3回戦敗退
	原沢久喜	(日本中央競馬会)	2回戦敗退

[2018年]アジア競技大会　インドネシア・ジャカルタ／8月29日〜9月1日			
階級	氏名	所属	成績
60kg級	志々目徹	（了徳寺学園職員）	準優勝
66kg級	丸山城志郎	（ミキハウス）	準優勝
73kg級	大野将平	（旭化成）	優勝
81kg級	佐々木健志	（筑波大4年）	5位
90kg級	ベイカー茉秋	（日本中央競馬会）	3位
100kg級	飯田健太郎	（国士舘大2年）	優勝
100kg超級	王子谷剛志	（旭化成）	5位

[2018年]世界選手権大会　アゼルバイジャン・バクー／9月20日〜27日			
階級	氏名	所属	成績
60kg級	髙藤直寿	（パーク２４）	優勝
	永山竜樹	（東海大4年）	3位
66kg級	阿部一二三	（日本体育大3年）	優勝
73kg級	橋本壮市	（パーク２４）	準優勝
81kg級	藤原崇太郎	（日本体育大2年）	準優勝
90kg級	長澤憲大	（パーク２４）	3位
100kg級	ウルフアロン	（了徳寺学園職員）	5位
100kg超級	原沢久喜	——	3位
	小川雄勢	（明治大4年）	3回戦敗退

[2019年]世界選手権大会　日本・東京／8月25日〜9月1日			
階級	氏名	所属	成績
60kg級	永山竜樹	（了徳寺大学職員）	3位
	髙藤直寿	（パーク２４）	5位
66kg級	丸山城志郎	（ミキハウス）	優勝
	阿部一二三	（日本体育大4年）	3位
73kg級	大野将平	（旭化成）	優勝
81kg級	藤原崇太郎	（日本体育大3年）	2回戦敗退
90kg級	向翔一郎	（ALSOK）	準優勝
100kg級	ウルフアロン	（了徳寺大学職員）	3位
100kg超級	原沢久喜	（百五銀行）	準優勝

[2021年]世界選手権大会 ハンガリー・ブダペスト／6月6日〜13日			
階級	氏名	所属	成績
60kg級	永山竜樹	(了徳寺大学職員)	3回戦敗退
	古賀玄暉	(旭化成)	2回戦敗退
66kg級	丸山城志郎	(ミキハウス)	優勝
73kg級	橋本壮市	(パーク２４)	3位
81kg級	藤原崇太郎	(旭化成)	5位
90kg級	長澤憲大	(パーク２４)	5位
	村尾三四郎	(東海大3年)	2回戦敗退
100kg級	飯田健太郎	(旭化成)	3回戦敗退
100kg超級	影浦心	(日本中央競馬会)	優勝

[2021年]オリンピック大会 日本・東京／7月24日〜7月31日			
階級	氏名	所属	成績
60kg級	髙藤直寿	(パーク２４)	優勝
66kg級	阿部一二三	(パーク２４)	優勝
73kg級	大野将平	(旭化成)	優勝
81kg級	永瀬貴規	(旭化成)	優勝
90kg級	向翔一郎	(ALSOK)	3回戦敗退
100kg級	ウルフアロン	(了徳寺大学職員)	優勝
100kg超級	原沢久喜	(百五銀行)	5位

井上康生 いのうえ・こうせい

1978年5月15日生まれ、宮崎県出身。東海大体育学部教授。NPO法人JUDOs理事長。宮崎市立大宮中→東海大相模高→東海大→綜合警備保障。東海大大学院体育学科研究科修士課程修了。切れ味鋭い内股を最大の武器とするほか、大内刈、大外刈、背負投も得意とする超攻撃柔道で数々の実績を残した。1999、2001、03年世界選手権大会100kg級金メダル。2000年シドニーオリンピック100kg級金メダル。2001～03年全日本選手権3連覇。2008年に第一線を退き、2009年から2年間、英国に留学。帰国後の2011年から全日本男子柔道強化チームコーチ、2012年11月から2021年東京オリンピックまで全日本男子柔道強化チーム監督をそれぞれ務める。2021年9月に全日本柔道連盟・男女統括強化副委員長、ブランディング戦略推進特別委員会委員長に就任した。

初心《しょしん》 時代《じだい》を生《い》き抜《ぬ》くための調整術《ちょうせいじゅつ》

2021年12月31日 第1版 第1刷発行

著　者　井上《いのうえ》 康生《こうせい》
発行人　池田 哲雄
発行所　株式会社ベースボール・マガジン社
〒103-8482 東京都中央区日本橋浜町2-61-9
TIE浜町ビル
電話　03-5643-3930(販売部)
03-5643-3885(出版部)
振替口座　00180-6-46620
https://www.bbm-japan.com/
印刷・製本　共同印刷株式会社

取材構成　佐藤 温夏
写真協力　高塩 隆、阿部 卓功
デザイン　吉村 雄大、鈴木 光枝
編集　多賀 祐輔、木村 雄大(ライトハウス)

ISBN 978-4-583-11404-0 C0075